家庭空间

创造孩子的心灵理想国

北京出版集团
北京出版社

图书在版编目（CIP）数据

家庭空间：创造孩子的心灵理想国 ／ 涂立森，苏君阳著. — 北京：北京出版社，2021.12
ISBN 978-7-200-16932-4

Ⅰ. ①家… Ⅱ. ①涂… ②苏… Ⅲ. ①儿童教育—家庭教育 Ⅳ. ①G782

中国版本图书馆 CIP 数据核字（2021）第 268803 号

家庭空间
创造孩子的心灵理想国
JIATING KONGJIAN
涂立森　苏君阳　著

*
北 京 出 版 集 团
北 京 出 版 社　出版
（北京北三环中路 6 号）
邮政编码：100120
网　　址：www．bph．com．cn
北 京 出 版 集 团 总 发 行
新 华 书 店 经 销
北京宝昌彩色印刷有限公司印刷
*
787 毫米 × 1092 毫米　　32 开本　　5.375 印张　　106 千字
2021 年 12 月第 1 版　　2021 年 12 月第 1 次印刷
ISBN 978-7-200-16932-4
定价：68.00 元
如有印装质量问题，由本社负责调换
质量监督电话：010-58572293　58572393

有两种东西，我对它们的思考越是深沉和持久，它们在我心灵中唤起的惊奇和敬畏就会日新月异，不断增长，这就是我头上的星空和心中的道德法则。

——伊曼努尔·康德

教育的首要目的在于造就有所创新、有所发明和有所发现的人，而不是简单重复前人做过的事情。

——让·皮亚杰

教育是植根于爱的。

——鲁迅

谨以此书诚挚地献给天下所有的父母和孩子，献给年轻人、中年人和长者，愿你们幸福。

感谢父母的栽培，感谢家人的支持，感谢张妍女士和涂舒媛女士对本书的大量整理编辑工作，感谢北京出版集团父母必读杂志社的帮助，感恩生命中的一切际遇，愿我们共同成长。

涂立森　苏君阳

目　录

第 1 章

家庭中隐形的三大空间

随着年龄的增长，人会越来越多地感觉到原生家庭对自己的深刻影响，会在心灵上追根溯源。但是很多人对于自己的心灵是如何成长的，原生家庭到底在哪些方面影响了自己、如何影响以及影响了多少并不是十分明白，我们往往忽略了原生家庭中很多重要的生活内容和孩子的心路历程。

尤其是在自己成为父母以后，很多人对于如何教育孩子感到茫然，对孩子的教育缺少计划，使得孩子对人生的困惑越来越多。

我们应该如何培养孩子？一定要从内向外地培养孩子，培养可以支撑孩子人生的关键品质，使孩子的心灵得到真正的成长，孩子才会自信、勇敢和幸福。

在孩子成长的过程中，我们应该在哪些方面给予帮助，给予什么样的帮助，从哪里入手？这是我们作为父母需要深刻思考的事情，因为生命只有一次，想要拥有一个幸福的人生，我们就要认真研究和对待。

人生有几个重要环节，组建家庭、成为父母、创建事业，原生家庭的影响会体现在我们对待每个人生环节的态度和做法中。

因此，我们首先要研究原生家庭在自己的成长过程中所产生的正面和负面影响，这样才能有效地帮助孩子的心灵成长，使孩子的内心充满积极的能量，坦然地面对自己的人生。

在研究之初，我发现原生家庭中存在三个重要空间，那就是原生家庭空间、孩子的心灵空间和理想国空间，它们各自拥有不同的特点，发挥不同的作用。现在，就请大家一起来认识这三个空间吧。

原生家庭空间和孩子的心灵空间

有人问，原生家庭和家庭有什么区别？

我为大家解释一下，家庭的概念很简单，是指婚姻关系、血缘关系或收养关系基础上产生的社会生活单位，它包含了家里有几口人、分别做什么样的工作等。家庭是孩子的，也是父母的，是一个家庭所有成员都可以使用的概念。

我的父亲是工程师，我的母亲是老师，但到底是什么影响了我，使我成为了现在的自己？这种问题用家庭的概念就不好解释了。

那么，用什么概念可以更好地解释上述问题呢？原生家庭。

说到原生家庭这个词，大家可能都听过，但是未必清楚原生家庭的含义以及原生家庭和家庭的区别。在此，我要从个人角度对原生家庭重新下一个定义，使大家对此有更为清晰的认知。

本书中的原生家庭并非仅指孩子所在的家庭，而是指孩子所处的广义的原生环境，包括孩子的父母和家庭里其他关系紧密的成员，还有邻居、同学、朋友，以及孩子在每个年龄阶段所处的环境等。

当孩子开始从广义的原生环境中吸收滋养心灵和智慧的营养的时候，这个广义的原生环境就变得特别重要了。从孩子的心灵空间成长的角度来看，原生家庭不一定是出生之地，只要能够为孩子稳定提供心灵成长营养的环境都可以称得上是原生家庭。

在这里，我要给大家解释另外一个概念，就是空间。空间是由事件组成的。原生家庭中每时每刻都发生着很多事件，它们会构成一个原生家庭空间，而这个空间里的事件并不能都对孩子产生影响，寻找那些可以对孩子产生积极影响的共性事件是本书的主旨。

既然大量的事件构成了相应的空间，那么原生家庭的空间跟孩子的心灵空间是一样的吗？肯定不一样，原生家庭的空间并不是孩子的心灵空间。因为原生家庭空间中发生的事件和孩子内心世界里发生的事件并不完全相同，尽管两者会有部分交集。

无论是按广义还是狭义来划分的原生家庭空间，都是社会关系体现下的生活空间，但是孩子的心灵空间是根据孩子的心理感受和心理事物存在、发展的空间化比喻，在此我将之作为一种空间来进行描述。

人在现实世界中的各种经历和感受组成了心灵世界，是比较直观和主观的。一旦人的心灵世界开始比拟现实世界，内心的综合感受确定以后，心灵世界就开始产生空间分化了。**人的心灵空间是基于心灵世界打造的，**拥有独特的空间维度感和综合体验感，是内心对现实世界的映射和理解。

人的心灵空间是在不断分化的，从无差别、未分化的心灵世界开始，逐步按不同的类别、主题等方式分化为自己的心灵空间。比如，孩子用不同的心灵空间储存不同学科的知识和学习体验，成人用不同的心灵空间储存工作、生活、教育等不同类别的内容。

原生家庭空间与孩子的心灵空间的关系如下图，后面我将逐步为大家揭示不同空间中的内容。

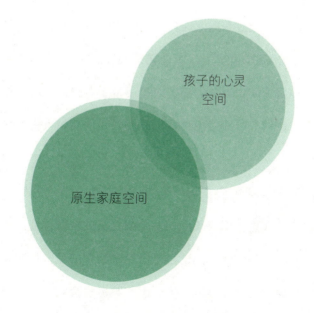

在隐形的空间中种下希望

我们为什么要重视原生家庭，为什么要研究原生家庭？因为原生家庭对于孩子的影响非常深远且具有隐性的特点，可以潜伏数十年，跨越时间、空间后再爆发，且威力巨大。

那些让人印象深刻、或好或坏的事件构成了人生永久的记忆，并且随着时间的推移，这些记忆会越来越清晰。

当我们遇到与儿时类似的情境时，记忆和感受便会像泉涌一样喷发而出，这种反应有时就连我们自己都会感到惊讶。常见的情况是，我们经常无意识地说出了父母曾经说过的话。

原生家庭空间中发生的那些对孩子产生深远影响的事件，既可以是深埋在我们内心的隐患，也可以成为我们面对人生艰难时刻的希望和勇气。

这些隐患，可能会在某一天使孩子产生一系列的负面反应和行为。比如，如果父母对孩子一直采取打压式教育，那么孩子往往会自卑、敏感、不果断，无论自己日后多么有成就，都还是觉得低人一等；如果父母有家暴的行为，那么孩子也会难以把控自己的情绪，日后容易与人发生冲突；如果父母总是吵架，跟孩子抱怨自己养他的难处和做出的牺牲，那么孩子会感到非常压抑，不敢相信别人，不敢爱别人，认为一切情感都是有条件的。

曾经有这样一个报道，某中学重点班的一个孩子，文静乖巧，在家里虽然有独立的房间，但是他的母亲总是不经他允许随意推门而入，翻看他的日记，对他有任何不满都会立刻激烈地指责。这位母亲平时不让孩子看电视、听广播、外出游戏，还去学校监督他上晚自习……一天，母亲在家看电视时，孩子禁不住也跟着看了起来，母亲非常愤怒地责骂他，而他再也承受不住，在冲动之下拿起重物朝母亲的后脑勺砸去……孩子最后的心声是"请天下的父母给孩子留点空间、留点秘密，因为他们要成长"。这个悲剧展现了长期对孩子暴力施压的后果，是如此惨烈。

对于比较幼小、社会经验很少的孩子而言，他们的知识水平、心灵发展的程度都还很低，无法对事件进行比较完整和全面的解读，而只能在心灵中留下对负面情绪、场景和事件细节的记忆。

随着年龄的增长，孩子的知识、生活阅历也随之增加，他们慢慢地有能力解读一些事件了。如果原生家庭空间中存在很多负面冲突事件的话，孩子就无法从中解读出正面积极的内容。并且，父母的冲突行为会让孩子下意识地认为这是生活中比较正常的事情，在心灵深处储存下这些行为和情境模式，并以此为范本，在遇到相似事件时进行简单的套用，长此以往容易形成暴力倾向。

我有一位朋友，他和妻子经常激烈争吵，有时还砸东西，孩子每次都吓得发抖，躲在一旁大哭，每年的生日愿望就是希望爸爸妈妈不要再吵架。这个孩子平时很胆怯，做事总是看别人脸色，害怕受到批评，内心非常脆弱。长大以后，他经常跟别人发生争执，对很多事情的看法也很偏执。

由此可见，**孩子会模仿原生家庭空间中的一些行为，而冲突类事件本身就很容易吸引孩子的注意力**，如果父母之间经常发生冲突，那么孩子的心灵空间里就会悄无声息地、完整地储存下这些情境和行为模式。这样一来，即使父母告诫孩子不要与别人吵架，孩子可能也不会放在心上，因为父母行为的影响要远远超过口头的告诫作用。而且，在这种日积月累的伤害下，孩子只能把恐惧和愤怒深深地埋在心底，日后可能会因为一点儿小事就爆发出来。

孩子的行为通常不是经过深思熟虑的，而是靠直觉的驱动，相似的场景会一下子激发和唤醒他们心中储存的情境和行为模式。因此，父母的冲突行为除了给孩子一个错误的示范以外，还会让孩子在无意识中形成自卑、懦弱、消极、孤独、焦躁等性格。

曾经有一位女士受已婚男士的感情欺骗，生下孩子，成为单身母亲，即使她有着很好的工作和社会地位，但还是受到了很多风言风语的影响，活得卑微又懦弱。而她的孩子在这样的环境中长大，从小承受着巨大的压力。后来，这位女士郁郁寡欢，早早去世，孩子成年后虽然创办了自己的公司，事业有成，但是内心非常自卑和痛苦，甚至在一次饭局中喝醉大哭了起来。这些都是原生家庭在不经意间埋下的隐患。

正因如此，原生家庭的第一任务就是要保护孩子幼小的心灵，不让他们受到误导、伤害，及时地排除那些深埋的隐患。

相反，原生家庭对孩子产生的积极影响会让孩子充满友善的好奇，表现出向往探索世界、愿意拥抱和融入社会、敢于直面冲突、善于解决问题等特征。

比如，如果原生家庭空间中父母的行为表现是相亲相爱的、遇事时平和冷静，那么孩子的性格一般也会很温和，因为孩子的直觉会唤醒内心去模仿父母的情境和行为模式。

类似地，如果父母对孩子的教育和引导多是积极正面的，孩子就会更加勤奋和上进，把外部的压力转变成动力。比如面对困难和焦虑时，如果父母告诉孩子这只是人生的一部分，不用恐惧和气馁，并且能够在日常生活中展示出自己是如何积极处理的，那么孩子在遇到类似情况时就会想起父母的正面行为。父母的这种正向引导和榜样力量会协助孩子不断前行，成为孩子印象最深刻的心灵指引。

比如，孩子喜欢弹琴，但是到了一定级别以后考不过去，会有些气馁。这个时候，父母不要打击孩子或者直接让孩子放弃，要跟孩子谈心，把自己克服困难的经验告诉孩子，跟孩子一起分析问题出在哪里，一起去寻找解决办法，不要让孩子独自面对巨大的困难。

原生家庭要在保护孩子心灵的基础上，在孩子成长的初期阶段，把对社会积极的看法与态度、对人生美好的向往、对世界变化的理解一步步地传授给孩子，鼓励孩子，让孩子勇敢地走出原生家庭，向外扩展自己的心灵空间，拥有探索世界和生活的勇气。

原生家庭是给孩子的心灵中埋下隐患还是种下希望和勇气，会使孩子在成年后呈现出极为不同的特质。有些一路顺风顺水的青年，在面对人生的挫折时却选择草率地结束自己的生命，实在令人惋惜。也有一些童年生活坎坷的孩子，最后却获得了幸福的人生。

原生家庭对孩子的影响超出我们的想象，就像一个武器，可以带给孩子无穷的斗志，也可以造成灾难性的后果，**如何运用这个武器取决于父母的智慧和勇气，需要原生家庭成员共同的修炼与成长。**

原生家庭是孩子生长的第一块土壤，是孩子成长的基石，父母要小心呵护孩子的幼小心灵，教他们无论遇到什么困难都要乐观积极地面对人生。

孩子的理想国空间——启蒙的关键之地

孩子的生存空间与其心灵空间是不一样的，孩子最为关注的是自己的内心世界，一个内心强大的孩子会不断地激励自己去探索世界，心灵里蕴藏着无限的动能。

那么，我们该如何点燃孩子心灵空间里的那个小火苗呢？

首先，要让孩子有安全感，父母不能强硬地逼迫孩子，因为孩子只有在感觉很安全的时候才会开始关注外界，安全感是孩子关注和探索外部世界的前提条件。

其次，要找到隐藏在孩子心灵空间中的理想国空间。

理想国空间在孩子的心灵空间内，这个空间由孩子在心灵中可以自由支配的最感兴趣的事和物组成，还包含着对这些事物的情绪、意见和想法等。在理想国空间中，孩子几乎不受别人的影响。

理想国空间是一个核心的、特殊的心灵空间，这里有孩子自由自在的兴趣，是孩子最喜欢的地方，孩子在这里能够真正地感受到自己的激情和活力。

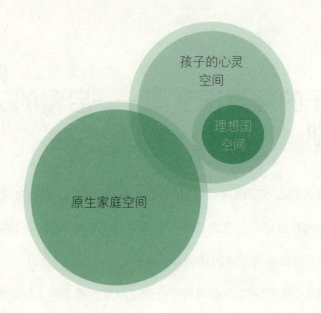

理想国空间是孩子从自己的心灵空间中分化出来的，孩子把自己特别喜欢、感觉有意义的、能够激发心灵能量的事物都分化到了这个空间中。

每个孩子的理想国空间都不尽相同，比如孩子们都爱玩，但是玩的东西并不一样，能使他们玩得特别高兴的东西更不一样。有的孩子喜欢玩泥土，有的喜欢游泳，有的喜欢看书，有的喜欢爬树……孩子的这些表现在原生家庭空间中都是有痕迹的，父母可以加以收集和记录，从而去发现孩子的理想国空间。

有些孩子对自己喜爱的事物极度执着，比如有的孩子喜欢挖土玩儿，挖土的时候特别专注，能够玩很长的时间。大人不明白挖土有什么好玩儿的，但这却是孩子理想国里的事物，他对此有着无穷的能量，愿意持续地去探索。如果父母能够陪伴和引导这个孩子通过挖土来思考万事万物，比如跟孩子探讨"为什么会有土？""土里有什么？""什么动物以土为家？"等，孩子会不知疲倦地去思考，从而去吸收巨量的知识。

理想国空间是孩子内心真正向往的世界，在这个空间中，孩子的想象力极度丰富，能量和活力极度充沛，拥有极大的耐心、勇气、好奇心，不知疲倦。

孩子的理想国空间不应受到任何侵占，因为孩子的原态心灵能量就蕴藏于此。一个疲倦的孩子回到喜欢的理想国空间里会迅速地休息和恢复过来，重新充满原态的心灵力量。

我有位朋友的孩子特别喜欢玩五金件，父母就为孩子买了很多。孩子把这些五金件都拆开，分类、分析、对比，组装里面所有的零部件，研究每个零部件之间的关系，那种细致的程度就连成人都比不上。

当沉浸在自己的理想国空间中时，孩子能够不断地获得心灵能量补给，会极其敏锐地观察，非常细致和耐心，会不知疲倦地学习并找到诀窍，显示出超越同龄人的智力水平。

理想国空间神奇得就像一块巨大的电池，为孩子补充能量，也像一个心灵的浴室，洗掉孩子心灵的疲惫和厌倦。

孩子在理想国空间里赋予了自己充分的尊重和自由，是这个空间的主人。

孩子的心灵空间虽然可能会被一次次打破，被拖入社会空间中，但是孩子心灵中最自然喜欢的事物依然会在理想国空间里聚集和生长，这种自然生成的方式与社会空间生硬地切入孩子心灵空间的方式有着很大不同。

原生家庭空间的一部分也许是与孩子的理想国空间重叠的，比如有些父母会在临睡前给孩子讲故事，这是孩子喜欢的事物之一，但是孩子喜欢的事物还有很多。

父母在原生家庭空间中找出孩子理想国空间中的事物，对培养孩子的意义巨大。

事实上，拉开孩子之间差距的不是原生家庭的财富或父母的层次，而是孩子自己的心灵空间以及理想国空间的质量和能量。虽然有些孩子小时候家庭条件不如别人，但是他们长大以后却不一定会输给同龄人。

父母和原生家庭都会随着时间的流逝而远去，孩子自己心灵的内涵却会随着时间的流逝而壮大，并成为孩子自己真正的人生财富，简单继承的东西是难以真正进入孩子的心灵空间的。

有些父母文化层次很高，孩子所处的原生家庭条件也不错，但是如果父母不能用原生家庭的积极能量生成和扩大孩子的心灵空间和理想国空间的话，孩子就无法得到原生家庭的优秀传承，孩子的心灵就会比较贫瘠，这样的孩子在与别人相比时往往只能比父母的物质财富、社会地位，比那些不属于自己的东西。

也有一些孩子，虽然他们家庭的物质条件一般，但是内心却充满了正能量，展现出乐观向上、积极探索的人生态度，这就是孩子的心灵空间外射出来能够让人感受到的能量。

理想国空间的能量就更巨大了，孩子在自己的理想国空间中是不受拘束的，会情之所至、兴趣盎然，这是他们感受幸福的地方，也是蕴藏孩子心灵原始动力的地方。

很多人说"要让孩子好好玩儿"，为什么？我为这句话找到了理由，就是要让孩子拥有非常高的心灵空间和理想国空间的质量和能量。

为什么父母一定要找到孩子的理想国空间？

因为孩子在理想国空间里能够得到最大的快乐。现代心理学讲的是幸福感，奥地利著名心理学家西格蒙德·弗洛伊德讲的是人内心中产生的舒适感，理想国空间就是孩子内心最原始和最美好的地方。

孩子首先要快乐，如果父母在规划孩子的发展方向时能注重快乐的体验，那么孩子就会产生无穷的探索和追寻的动力。

很多成功人士小的时候没有出去旅游过，没有上过辅导班，也没有念过好的大学，或者根本没有上过大学，但这并不影响他们在内心动力执着的召唤下持续奋进，最终有所成就。就像中国伟大的数学家华罗庚先生，他虽然只有初中文凭，但却在数学研究方面取得了巨大的成就，被很多国家聘为院士。

因此，这种隐形的、存在于孩子心灵理想国空间的事物的质量和能量才是最终决定孩子成就大小的关键因素。

有些原生家庭虽然条件很好，但孩子在家里并不快乐，因为他们被过度地管制了，孩子的心灵空间几乎被排除在原生家庭空间之外，两个空间的交流甚少，孩子很压抑。

为什么好奇心是最好的老师？为什么要培养孩子的好奇心？因为好奇心是孩子心灵理想国空间的重要组成部分，孩子的理想国空间能够产生巨大的心灵能量。

有些孩子活泼好动、口齿伶俐，奇思妙想特别多，上课时不安分，自律能力不强，不容易受到信任和认可。这类孩子通常好奇心很重，心灵能量很大，特别需要鼓励和信任，如果能够正确地引导他们，他们未来的发展潜力巨大。

为了更好地培养和塑造孩子，原生家庭要发现并培养孩子的理想国空间，把高远的志向种到这个孩子最喜欢的空间中去，让孩子自己给自己带来成长的能量。这种能量是一种源源不断的原态能量，孩子拥有这种能量才会不知疲倦地学习并以此为乐。

培养孩子的理想国空间是启蒙和培养孩子的关键和根本所在，勇敢、乐观、积极等精神品质都会在这里产生。

写作业拖延、注意力不集中、缺少自律、没有学习动力……孩子为什么会有这些表现？因为父母只是在简单地教孩子，是单向的灌输，孩子是不喜欢的。

也就是说，我们单纯地教孩子学习，孩子会很痛苦，但如果我们启发孩子自己学，孩子是很快乐的。我们要把积极的因素都引入孩子的理想国空间中，启发孩子自我成长。

父母如果要拿孩子跟别人比，比什么？

其实就是比孩子从理想国空间中能获取多少快乐的事物。

如果一个孩子什么都不喜欢，说明他的理想国空间已经被挤压到很小，他喜欢的、被允许喜欢的东西太少，孩子能从理想国空间中获取的能量极为有限。

孩子的理想国空间就像身体的免疫系统一样，是孩子心灵的免疫系统。如果孩子缺失了理想国空间，他的心灵就不完整，心灵向外延伸和自我生长的能力就会很弱。

　　一般情况下，开明的父母培养出的孩子，成长速度会比较快，因为他们保留了孩子的理想国空间，甚至还浇灌、培育了这个空间。

　　小时候，我们院子里有一家的爸爸每天回家都会带报纸，他的孩子喜欢拿着报纸认字、阅读。后来，这个爸爸不让孩子报考文学相关的专业，让他去做不感兴趣的事，抹杀了孩子在文学方面的爱好，浪费了他巨大的心灵原态能量。我有时候想，如果这个孩子可以从事与文学相关的工作，说不定能成就一番更大的事业。

　　孩子的理想国空间是嵌套在孩子的心灵空间之内的，这里的土壤最丰富、养分最好，种下的事物也最容易存活。

　　父母要分析原生家庭，确定孩子的培养目标，**用孩子喜欢的关键事物做种子**，帮助孩子将其真正地植入自己的心灵空间和理想国空间里，从而**激发孩子原态的心灵能量**。

　　法国著名昆虫学家法布尔小的时候，父母送了他一台显微镜，他在显微镜下看到了叶子的脉络，觉得特别对称、特别美，自此开启了他的生物研究之路。法布尔将这台显微镜真正地纳入到了自己的心灵空间和理想国空间里，从而产生了无穷的好奇心和动力。

　　父母可以尝试去发现孩子对什么事物感兴趣。

　　中国有一个古老的习俗，就是让孩子在周岁的时候抓物件，大人用孩子抓到的东西来推测他未来会做什么、成为什么样的人。

虽然这个习俗更多地体现为一种仪式，但其中蕴含的深层次道理就是父母把设想好的东西展现给孩子，在看到孩子感兴趣的东西后，会偏向于对其进行相关内容的不断植入，我们的民族自古就有着这样的智慧。

由于孩子年龄尚小，父母在给孩子的理想国空间介绍事物时不太可能一帆风顺。父母可以不断地用新事物进行尝试，该放弃的时候要放弃，也需要在孩子的不同年龄阶段进行不同的尝试，因为孩子的理想国空间很可能会随着孩子的年龄增长而变化，父母一定要发掘孩子的兴趣点。

事实上，这个过程会伴随人的一生，只不过孩子长大以后就要靠自己进行植入了。

成人与孩子最大的区别是成人会摒弃厌恶的东西，聚焦喜欢的事物，而孩子并不太会去选择。

有父母问我怎么才算是介绍新事物到孩子的理想国空间，给孩子报很多课外班算不算？我说不算，因为培养孩子的心灵能量不是要求孩子去学、去做，而是要发掘孩子真心喜欢的事物。孩子在学习某个事物的过程中能够得到快乐和灵感，能够激发自我的心灵能量，才会主动地去学。

比如，如果父母看到孩子喜欢用毛笔写字，那么可以试着先让孩子在家里练练，要是他练不了多久就放弃，就没必要上专门的课外班，因为孩子还没有将写毛笔字这件事纳入到自己的理想国空间中，至少是在当前的年龄阶段还没有。

原生家庭的硬性安排往往是父母强行地闯入了孩子的理想国空间，硬塞进了他们并不想要的事物。当孩子有能力自主选择的时候，他们就会毫不犹豫地抛弃掉这些并不想要的事物。

亲子互动空间——体验人生的第一个组织

一个家庭如果没有父母的话，还能算是原生家庭吗？

原生家庭主要是孩子感受父母给予的教养和抚养的空间，包括物质条件、社会关系、人际关系、教养方式等。如果没有了父母的角色，那就不能算是真正有实际功能的原生家庭了。

原生家庭空间其实是父母营造的空间，这个空间有大部分都是属于父母的，包含很多父母的私事。

那么，在原生家庭空间中，哪块空间属于孩子呢？

　　孩子小时候可能会经常问父母："家里哪些地方是我的？"或者问："我能做这件事吗？"孩子在原生家庭中能够使用的空间通常需要得到父母的允许，父母是孩子的生育者、抚养者和教育者，扮演多重角色，是这个空间的管理者。

　　父母允许孩子使用的原生家庭空间会随着孩子的成长不断开放，它是最基础、最有效的亲子互动的有效空间，是父母和孩子心灵互动的空间。

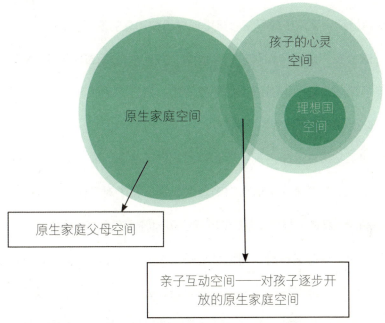

　　父母和孩子在家庭中的互动，父母对孩子的培养和引导，都是在亲子互动空间中完成的，**这是孩子真正从父母身上体会和学习的**

地方。孩子会在这里了解父母的各种角色，逐步知道家庭内嵌的规则和要求，也会与父母进行谈判，孩子在这里的角色地位与在社会中是不同的。

亲子互动空间是孩子第一次接触类似社会组织的空间。

社会组织中是有管理者、参与者的。而在亲子互动空间中，父母往往是引导者、管理者，孩子则是学习者和参与者。父母对孩子既输送着爱又制定着规则。这里是父母和孩子共同建立的一个虚拟的空间组织，是孩子最早在心灵里形成组织印象的地方。

这个空间是父母和孩子相互影响、共处的最基础的空间，父母和孩子在这个空间中的角色都是多变的。对于孩子而言，这个空间才是真实有效的原生家庭空间。

如果父母在这个空间中的教养方式过于生硬，缺少对孩子的深度陪伴，没有帮助孩子建立规则意识，那么孩子对于社会、生活、人生等的认识将会非常有限，这个亲子互动空间就是有所偏失的。

比如，有些父母喜欢用语言恐吓孩子，"你不好好学习，以后怎么办？""再不写作业，看老师明天怎么收拾你！"长此以往，孩子的效率只会更低，孩子会觉得外面的世界很可怕，不明白自己存在的意义，会自卑、叛逆，甚至抑郁。

父母到底在起什么作用，担负了什么样的责任，内置了什么样的家庭任务，扮演的角色发生了什么样的变化？都是在这个空间中体现的，而不是在所有的原生家庭空间中体现的。

随着年龄的增长，孩子需要有自己的独立空间，这个独立空间不仅仅是一个单独的屋子，**孩子需要在亲子互动空间中衍化出属于自己的独立的心灵空间。**

为什么？首先是出于心理安全的需要。亲子互动空间连接着孩子的理想国空间，他们有心灵激情和能量释放的要求，想按照自己的想法做事、创设规则，有着不想被打扰的自我创造要求。

比如，孩子小的时候会不停地问父母同一个问题、反复让父母讲同一个故事等。父母不要因此觉得烦，这是孩子在建立安全感，父母每一次正面的回答和积极的反应都是在帮助孩子确认。

孩子首先要感到安全，然后才能根据观察到的事物想象社会关系，做社会内容类的游戏。比如，孩子会模仿医生给病人看病，模仿大人照顾小孩，模仿军官指挥作战。孩子的想象速度特别快，他们在自己的心灵空间中创设规则、扮演角色。游戏的规则对于孩子的心灵和智慧成长是十分重要的。

孩子在创造空间的时候往往会超越大人的想象，他们能更快地体会和学习社会组织关系。**孩子也想当领导者、管理者，因此会逐渐在亲子互动空间中分化出一块属于自己的独立空间。**

比如，有的父母什么都要替孩子安排，每天不停地催孩子起床、洗漱、吃饭、做作业等，那么孩子的自主性就会非常差，因为他习惯了被安排，认为这些事情都跟自己没什么关系。父母要引导孩子自主学习，让孩子明白学习是自己的事情。父母可以帮助孩子制订学习计划或者辅助孩子调整学习方法，把学习自主权还给孩子，让孩子在亲子互动的空间中拥有一定的权力和空间。

上海复旦大学的王德峰教授曾经讲过一个故事，他邻居家的母亲与即将高考的儿子的亲子关系差到双方无法沟通，儿子的成绩下降，这位母亲非常担心，事事都提醒孩子、教训孩子。王教授建议这位母亲"无为而无不为"，让她只需要照顾好孩子的饮食起居即可。这位母亲将信将疑地照做了，没想到却得到了儿子的理解和关爱，后来的亲子关系非常融洽。这说明如果父母侵占了所有亲子互动的空间，也就意味着在侵犯孩子，孩子没有受尊重感，自然不会有好的亲子关系。

另外，孩子的独立空间要求与其意识发展触及的广度有关。

孩子在未来会面对不同的社会组织和关系，他们最初获取经验的地方就是原生家庭的亲子互动空间，而从中分化出自己的独立空间是极为重要的。

孩子的成长也是一样，如果父母能够意识到孩子期望的这个空间，就会看到孩子的心灵诉求。

在亲子互动的空间中，孩子会不断地与父母沟通、谈判和磨合，构建双方共同认可的规则和协议。在这个过程中，孩子会更为主动，父母往往是被动的、后知后觉的，可以说是孩子在原生家庭亲子互动空间中制定出了一套双方心灵都认可的规则和协议，并在其中构建出了自己的独立空间。

作为父母，我们要尊重孩子在亲子互动空间中提出的协议，因为这是孩子成长为独立主体的心灵要求。

孩子很聪明，知道如何同父母达成协议，也清楚父母的底线。人的谈判能力是一种非常重要的社会能力，是适应各种组织并且表现自我的能力，随着双方达成的协议越来越多，父母也会逐渐了解孩子的心理底线。

双方约定的这个属于孩子的独立空间便是培养孩子发挥主动性、体会组织规则的启蒙地。

如果父母忽视了孩子独立性的要求，那么孩子在进入社会后，对于各种角色、规则的认识和谈判能力就会有所局限。如果孩子在争取亲子互动空间中的独立空间时得到的都是否定，那么分化给孩子的心灵空间就很小，孩子会缺乏自主性，无法活跃地表达自己的想法，也体会不到实践的快乐。孩子的创造性会被抹杀，只懂得服从和讨好，无法成为一名主动的创造者。

有一位母亲让女儿学弹钢琴，督促女儿每天必须弹琴两个小时。一次朋友到家里做客，夸奖她的女儿每天坚持练琴很棒，但是她的女儿却说自己不喜欢弹琴，之所以还能坚持是因为母亲说自己考过某个级别后就不用再弹了。练琴居然是为了不练，这是教育的悲哀，如果女儿能够把这些时间、精力放在自己喜欢做的事情上，那么积累的思考和体验能让她终身受益。

原生家庭中父母的做法会影响孩子对于组织和规则的认知，动摇孩子的自信，失去对事物的判断，长此以往形成习惯，日后很难改变。

僵硬的管教带来的是僵硬的思维方式，会使孩子错过很多人生的机遇。

如果我们将这个空间显性化，大家就会知道我们小时候到底是在什么样的环境中成长的。大家的回忆和衡量就不再那么笼统了。

原生家庭给予你的最基础的亲子互动空间是什么样的？

父母扮演了几种角色？

亲子互动空间中有哪些事件种类？

在与父母的谈判过程中，你是受到了鼓励还是禁锢？

在双方心灵都认可的协议中你扮演了什么角色、受到了什么样的影响？

……

充分地了解和反思我们曾经拥有过的亲子互动空间，可以使我们知道自己的原生家庭父母在教育上的偏失，告诫我们不要将这种偏失和遗憾带给我们的孩子。

建立高品质的亲子互动空间，建设孩子接触的第一个社会组织，是我们作为父母不可推卸的责任。

很多孩子都爱看动画片、玩游戏，对此，一些父母只会生硬地说教或打骂孩子，而比较好的做法是与孩子约定好每次看或玩的时间。如果孩子没有遵守约定，父母要告诉孩子："爸爸妈妈信任你，相信你能遵守承诺、管理好自己，如果你不能遵守承诺，那么爸爸妈妈就只能替你管理，就不能再信任你了，你愿意这样吗？"这种做法体现了对孩子的尊重，把自己与孩子放到了同等位置，去理解、体谅和引导他，而不是高高在上地去制约他，这种亲子互动空间的互动模式能够给孩子的心灵成长带去力量。

有一些家庭对孩子的管教特别严厉，使得孩子在极力地躲闪这个互动空间里的所有角色和规则，躲在自己创造的空间里不敢出来，幽闭自己以获取心灵安全感。

孩子会把从亲子互动空间中学习到的一切直接在另一个情境中

模仿实施。也就是说，如果孩子在人生的第一个组织中心灵受到伤害，会把负能量释放在下一个接触到的组织中。

如果孩子出现了不正常的状况，父母首先要反思，在亲子互动空间中双方的协议是如何达成的，是双方共同创立的还是父母强加给孩子的？不同的处理方式会对孩子造成不同的深远影响。

当然，双方达成协议不是让父母溺爱孩子，因为原生家庭的基础功能要做好，父母的监管角色也不能为零。但是，如果父母过于严厉、简单粗暴地制定规则的话，那么孩子从小在组织中就没有参与感，会觉得自己总是被强迫。这样的孩子到了其他组织中就容易出现问题，在有机会的时候可能不敢去争取，在该回避的时候也不懂得回避。

孩子成长三件事——语言、情绪、社会实践

仔细观察孩子，我们会发现孩子在原生家庭中的成长涉及三件基本事情：语言、情绪和社会实践。每件事情都会演绎出一系列的事件，并构成一个相应的空间。

在孩子语言空间的发展中，尤其是当孩子具备了日常的交流能力以后，父母的培养重点不是让孩子认字，而是**要用语言带动孩子的表达和思考能力的发展，不要让孩子成为"脑盲"**。

什么是脑盲？就是思维能力很弱的人，或者是只有简单思维能力的人。

语言和思维是相连的，在孩子开始用语言实现基本的日常交流时，一些父母就选择让孩子去认字、写字，而没有意识到要通过语言来锻炼孩子的思维能力，忽视了最为关键的思维能力的启蒙。

孩子的语言空间是从原生家庭中开始发展的，带有浓重的原生家庭的表达特点。在到达语言多样化阶段后，不同孩子会出现较大的语言发展差异，因为每个家庭的语言结构、词语运用程度、双语或多语混用的程度都不一样。

孩子会模仿、学习大人讨论问题的方式和思考的深刻程度。

孩子的语言交流功能是在原生家庭中发展起来并被迅速强化的，当孩子的交流能力发展到了可以比较顺利地进行日常沟通以后，父母应该鼓励和引导孩子进行更为丰富的语言表达，**让孩子与他人进行更有广度和深度的交流**。

我们要在孩子能够充分、丰富、生动地表达和交流后，**再从容地去教孩子认字，不要认为孩子认字晚是坏事**。

认字是孩子早晚都能学会的，但是发达的思维广度和深度却不是每个孩子都会拥有的。

孩子在三岁左右基本能够具备和外界进行简单交流的能力，六岁左右时，其脑重已经基本接近成人，父母能感觉到孩子的智商大幅提高，开始用各种理由与人讨论、争辩了。

在这个关键时期，父母一定要多鼓励孩子进行语言表达，因为这是孩子非常宝贵的黄金年龄阶段。

牛津大学有一门辩论课，我和我的朋友都非常推崇，它需要一个人充分运用并组织大脑中的各种认知要素。在心理学中，语言是和思维紧密相连、对思维刺激最大的工具。在三至九岁的黄金阶段，孩子思维的广度和深度如果没有得到很好的开发，思维能力就容易停留在浅层的、对事物的表面认知上，日后就难以胜任复杂和重要的工作。

比如，父母给孩子讲诸葛亮草船借箭的故事，不是讲完故事就结束了，而是要跟孩子讨论。"诸葛亮知道周瑜在为难自己吗？""孙权和刘备联合抗曹，周瑜为什么要为难诸葛亮？""你觉得孙权知道这件事吗？如果知道的话，为什么还允许周瑜这么做？""你觉得曹操是什么样的人？"……一个故事很快就可以讲完，但是讨论是持续的，不是讨论一会儿就结束了，而是要经常讨论，经常启发孩子去思考这个情境中还没有被发现的线索和信息，让孩子多说、多思考。

孩子在成长的过程中必然会遇到挫折，思维能力是帮助他们战胜困难的一个重要因素。一些思维能力很强的人跌倒后重新站起来，甚至会超越原来的人生高度。

接下来我们来看孩子的情绪空间。

孩子从出生的时候起就是带有情绪的。孩子的情绪发展要快于语言的发展，当孩子还不会用语言表达的时候就会用情绪表达了，表达自己的高兴、疼痛、不满意、需要帮助等情绪需求。

开始的时候，孩子对文字和符号仅仅是认识，并不明白它们对应的深刻含义以及能够代表的情绪和思想，因此，父母引导孩子使用文字和符号时要慢、要耐心，这是一个循序渐进的、较长的过程。

孩子在语言能力不足时会混用情绪来共同表达，甚至对情绪的使用更熟练。孩子使用情绪表达时，父母有时不太明白孩子的意思，会一味地让他们用语言表达，但常常没有效果。随着孩子的成长，当他们能够更为熟练地使用语言进行沟通的时候，会自然地减少用情绪进行表达。

孩子幼时的情绪通常是一些基础的情绪，比如哭闹代表不满意、不舒服，笑代表高兴、如意。随着年龄的增长，情绪会被孩子当成与社会交流的重要信号、工具和武器。

孩子的哭闹可能使父母感觉受到了攻击，但其实他们只是在表达基本需求：饿了、困了、不愿意做什么了……

比如，孩子和小朋友吵架后，对母亲说："我再也不和某某玩了。"这个时候，父母不要给孩子灌输各种道理，强迫他去和别人玩或者完全顺着他的意思。父母首先要允许孩子宣泄情绪，并拥抱他，等他的情绪稳定下来以后再一起分析事件，寻找解决方法。这样，孩子会觉得父母理解自己、尊重自己，自己有主动权和安全感，下次遇到问题的话还愿意跟父母讲，与父母商量，而不是躲着父母。

为了孩子长远的未来，父母要分清楚哪些是孩子传递的信号，哪些是孩子的武器，哪些是孩子在混合使用的语言和情绪工具，不要粗暴地训斥孩子。

最后，我们来看孩子的社会实践活动空间。

这个空间是指孩子在原生家庭空间以外的活动范围，涉及的活动类型和内容包括找邻居家小朋友玩、参加集体活动、与父母外出旅游、去图书馆看书、与同学做游戏、参加比赛等。

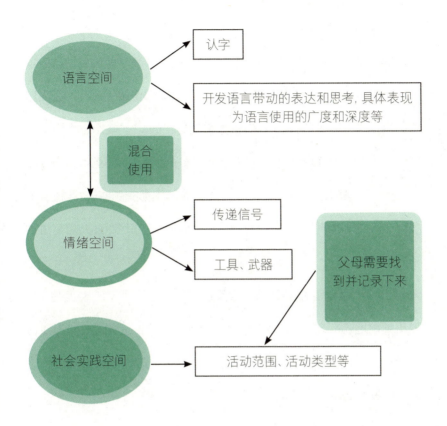

语言和社会实践都会极大地刺激儿童的思维发展。

儿童的语言发展比社会实践的发展速度慢，孩子还不太会说话的时候就会到处探索了，因为运动信号更容易被识别，孩子更愿意做游戏和运动。

语言和运动游戏的组合信息是最容易被孩子识别的，两者结合在一起能有效地刺激儿童大脑思维的发展，激发他们进行更富创造性和想象力的思维活动和思考。

比如，父母带孩子去公园玩，不要只是为了简单地玩各种游乐项目，还要利用情境启发孩子的思考。"我们来公园要做什么？""公园里的区域是怎么设置的？""我们该如何规划路线？""我们怎样安排时间？"……回家以后，父母还可以继续与孩子讨论，"你觉得这个公园怎么样？""为什么你还想去？""你觉得公园里都有哪些人？"社会实践会让孩子有愉快的体验，父母再用语言刺激孩子思考，会大幅促进孩子的智力发展。

当孩子语言能力不足时，活动类信息一定要跟上，从而更大范围和频率地唤醒孩子的思维活动，来促进其思维发展。我们不要为了让自己轻松而严格地限制孩子的活动范围，这样做只会荒废孩子极为可贵的潜能开发阶段。

如何突破原生家庭的局限？

有的父母说，我们自身的学识能力有限，是不是会影响孩子的发展？

其实，无论孩子的原生家庭现有状况如何，只要父母正确地培养孩子，孩子都是可以成才的。

孩子活动涉猎的空间有三个，第一个是原生家庭空间，是对孩子施加影响和督导的空间，它往往是父母感觉安全和自由的空间，是父母休息的港湾，但不是孩子内心深处的港湾。

孩子身处原生家庭空间，但其心灵的虚拟空间是自创的，这是第二个空间，在这里面还有一个孩子最喜欢的理想国空间，也就是第三个空间。

孩子在每个空间里拥有的自由度，是一个可以衡量的指标。

在原生家庭空间里，主角是父母，孩子是被动的，这种被动的地位会让孩子觉得原生家庭是督导、教养、影响自己的地方。

判断原生家庭父母对孩子的教育是否合格，就是看父母有没有保持住孩子内心的欢乐和幸福，有没有因为施加了不当的影响使孩子的自由度和积极性大幅下降。

这并不是让父母不管孩子，让孩子守规矩、懂礼貌等都是原生家庭最基本的功能，本节内容谈的就是除了这些使孩子融入社会的基本技能之外的能力如何培养。

有些父母会允许孩子把家里弄得"乱七八糟"，甚至还会鼓励孩子这种非恶意的行为，让他们继续玩耍。当这类孩子逐渐长大，其内心涌动的力量也越来越大，开始变着花样地"搞破坏"。当然，这种"搞破坏"并不是故意制造麻烦，而是他们的心灵里正涌动着想去探知世界的能量。

孩子在家里实施这些不被约束的行为的范围有多大？是一个小角落，是孩子自己的房间，是家里的客厅，还是父母的房间或者每个房间都可以？孩子的活动范围能够反映出孩子的内心被父母约束的程度。

如果孩子在家里畏首畏尾，那么很可能他的心灵被过多地约束了。比如，有的家庭嫌麻烦，只允许孩子玩几样固定的玩具或者做几种特定的游戏，这就是对孩子心灵的束缚。孩子去创造、实施其他想法的冲动被扼杀了，思维发展水平也就被捆绑住了。

孩子的奇思妙想、勇于尝试的行为是具有迭代性的。也就是说孩子之前的尝试被允许了，后面才会出现更多的想法和尝试，孩子的心灵才能不断地涌出新的能量去融合原生家庭空间与自己的心灵空间。

一些父母在原生家庭中给孩子的自由度太小，把孩子的心灵空间赶到了原生家庭空间之外。孩子只有到了家庭以外的地方才能施展奇思妙想并尝试，这样的孩子就缺失了在原生家庭中的空间。

因此，我们不要对孩子设立过多的严苛的界限，不要只考虑自己的方便和舒适而忽视了孩子心灵里涌动的力量和想要向外界融合的尝试。

孩子在自己的心灵空间里的自由度应该是很高的，他们在用五感、语言、心灵等去感知世界，去体会、思考世界和自我的联系。

父母的职业也会给孩子的心灵空间带来深刻的影响。不同的职业有不同的侧重点，作为父母，我们要探寻孩子的心灵空间，看看有没有因为父母的职业而对孩子的发展产生影响。

比如，文学家的孩子可能会从小喜欢诗词，科学家的孩子可能从小就喜欢理科知识，书法家的孩子可能从小就练字等。父母如果想突破这种限制，让孩子的爱好更多元，就要给孩子更大的自由度，让孩子去追寻理想国中的天性和爱好。

有个女孩从小学习成绩一般，但特别喜欢画画，虽然她的父母不了解相关知识，但很懂得保护孩子的心灵，鼓励她追求自己的梦想。女孩后来参加很多绘画比赛都获了奖。父母没有因为自己的局限把孩子困住，而是很好地释放和增强了孩子的天性与爱好，让孩子内心充满了能量和探索世界的勇气。

孩子的理想国空间是孩子最希望遵循自己的内心，去探索和触摸世界的空间。孩子不希望在探索世界的时候受到过多的阻挠，而是希望得到更多的快乐。孩子把他们最喜欢的事物全都收集起来，在内心深处以此为基础搭建了理想国空间，他们在这个空间中是非常自由的。

　　父母不要强行闯入或者破坏孩子的理想国空间，而是要帮助孩子扩大这个空间，将各种积极有益的内容纳入其中，因为这里是孩子心灵免疫力的来源之地。

　　测量孩子在三个空间中的自由度，其实是为了帮助孩子在原生家庭中获得最大的心灵能量，扩大自己的理想国空间，获得更多自我成长的心灵能力。

　　因此，增加孩子在空间中活动的自由度，本质是解开孩子的心灵束缚，使孩子获得更多内心向外生长的力量。这样，孩子的主动性会大幅提高，愿意多想、多做、多探索。在这个过程中，孩子的思维会不断地发展，心灵的能量会不断地增强。

第 2 章

父母和孩子的心灵距离

有一位品学兼优的高校女孩因为交友不慎受到伤害，最终选择结束自己的生命。而在整个过程中，女孩都没有把自己的困惑和痛苦告诉父母，就好像父母是与自己无关的人。

这个悲剧告诉了我们什么？

如果我们不能在心灵上和孩子贴近，让孩子愿意向我们诉说和寻求帮助、听取我们的意见或建议，那么当不幸发生的时候，我们只能追悔莫及。

因此，这一章讨论的是父母和孩子的心灵距离，以及如何让孩子愿意在心灵上贴近父母。

首先，我们要梳理自己小时候的经历和感受。

孩子为何没有在心灵上贴近父母？

很多父母都会对孩子说："我真的是为你好，我真的爱你。"我们对孩子的感情之深只有自己知道。

请大家回忆一下我们小时候感受到的父母的爱是否有他们说的那么深。有些父母在工作压力大、情绪不好的时候会朝孩子发脾气，甚至施以责罚。当然他们不一定是故意的，因为每个人都有控制不住自己情绪的时候。但结果就是，孩子很难感受到父母所说的爱的程度。

儿时的我们可能会感受到来自父母的各种限制，或许他们在教育方面做的事情比较多，却忽略了感情的培养。作为孩子，我们感受到的东西和父母自以为给我们的爱护、培养并不一样。

只有深厚的感情才能缩减父母与孩子之间的心灵距离。当我们回顾儿时在原生家庭中的感情生活状态，会发现大家都在用直觉指导行为，使很多感情都仅仅停留在了情绪表达上。

父母在"喊"着表达情绪，"我对你尽心尽力！""这么做都是为了你！"

这些语句好像成了父母表达和宣泄自己感情最有效的心灵语言，似乎只要说了这些，父母就觉得问心无愧了。

父母认为自己是在表达真实的想法，但是孩子的感受却不同，这些不同主要体现在以下三个方面。

首先，父母的想法和孩子的想法是不同的。无论孩子是否是事件的主角，父母都经常忽略了与孩子的共同思考，没有和孩子共同弹奏生活之曲。

比如，一些父母没有和孩子商量和沟通，就给孩子报了各种课外班，孩子的内心其实是很茫然的，并不能理解学习这些课程的意义，以后可能很容易就抛弃掉这些知识。

有的父母说："我给孩子报班之前跟孩子商量了，孩子也同意了。这是不是共同弹奏生活之曲？"答案是否定的。孩子很可能只是出于好奇才答应，一旦失去新鲜感就不喜欢了，不明白自己为什么一定要学这个。于是，孩子在学习的时候可能不会认真对待，最后的效果也不会好。

其次，有些父母没有意识到自己的行为会对孩子造成很大影响。

比如，如果父母在家里经常批评别人，那么孩子就会误解，觉得别人都是不好的、不可信的，会戴上有色眼镜对待别人，无法真正地理解别人。

事实上，父母展示给孩子的与孩子能够感受到的行为含义会有所不同。如果父母没有用正确的社会家庭行为指导孩子，那么双方就无法产生心灵的沟通。

最后，父母认为自己对孩子的感情很深刻、全面，但是孩子的感受并非如此。

似乎每个家庭中都有一个让孩子畏惧的角色，然而即使是家中最严厉的角色，也一直强调自己对孩子的爱，但孩子却没有体会到这种爱。

这个现象透露的深层含义是，虽然父母与孩子感受到的爱的程度不一样，但双方都知道彼此间存在着血浓于水的关系，这种关系暗示了父母，并使父母夸大了自己爱孩子的程度，也夸大了父母认为的孩子对父母的心灵依赖程度和亲密程度。

血缘关系使父母受到了自我暗示："他是我的儿子、女儿，所以我的内心是应该对他好的。"但是父母的行为往往没有做到位，因此孩子在心灵深处对父母的亲密程度和依赖程度远远不像父母认为的那么深。

血缘关系能带来自然而然的心灵亲昵吗？

父母在潜意识里认为血缘关系的亲密程度是自然而然发展的，不需要后天的培养、深度的陪伴、心灵深处相互的依靠和拥抱，所以这些后续的工作很多父母都没有做。他们认为，这种亲密关系即使没有在表面上展示出来，但在父母与孩子的心中都是存在的。

有不少人对父母的孝顺之情在进入中年后显得更为强烈，表现出心灵深层次的依赖和认可，但在之前漫长的岁月里，他们都没有能够在心灵深处真正地做到与父母亲昵。

血缘关系让父母觉得"我已经做到了""已经做得不错了"，认为亲子之间的心灵纽带会自然而然地紧密相连，但是事实绝非如此。

中国有句老话，"生亲不如养亲"，日常生活中深层次的陪伴、心灵的拥抱和倾听远远超越了简单的血缘关系和亲情所带来的天生的、自然的连接。

血缘关系的确能产生心灵的召唤，但我们仍应该将这种朴素的感情推向更高一层的共情。

比如，孩子放学后跟父母抱怨上了一天课很累，很多父母可能会说："我上了一天班，回来还要做饭、收拾屋子，我都没说累，你有什么可累的！"很明显，父母没有与孩子共情。其实，孩子内心的声音是："我今天很努力，我认真学习了，我想得到你们的肯定。"如果父母与孩子共情，就应该回答："我们看到了你的努力，你很棒，你的付出使你有了很大的进步，我们上班工作跟你上学学习是一样的，认真就能使我们进步，让我们一起努力。"

孩子是否能非常亲密而信赖地去拥抱父母的心灵呢？大多数孩子都没有或者很少这样做，因为孩子的心灵空间和原生家庭空间不是同一个空间。

孩子的世界更为宏大，父母只是孩子原生家庭中的启蒙者、抚养者，只能陪伴孩子其中一段生活旅程。

　　血缘关系所产生的天然的召唤作用并不像父母想象的那么大，并且在血缘关系的暗示下，父母有时会降低对孩子感情的认真程度，父母容易懈怠、不耐烦。他们会认为有时候少做一点不要紧、疏忽一点不要紧、狭隘一点不要紧、训斥孩子一次不要紧、现在没有建立亲密关系不要紧……父母这么做的时候往往都忽略了孩子的内心感受。

　　很多家庭都有不止一个孩子，兄弟姐妹间的亲昵度往往大于孩子与父母间的亲昵度。我小时候经常听同学说："你不能欺负我！我还有哥哥，我不怕你！"小伙伴之间闹矛盾、起冲突，孩子觉得不能让父母知道，但是可以让哥哥或姐姐知道，因为他们之间的依赖感和信任感更强。

　　父母的严厉有时候会使孩子感到害怕，从而产生了心灵距离，对孩子来说，这个心灵距离就是父母与哥哥姐姐不一样的地方。

　　小时候，我们和小伙伴一起玩时，会管年龄比较大或者个头比较大的孩子叫"大孩儿"，回忆一下那时的我们对大孩儿的感受，其实是有着莫名的紧张、未知以及害怕的，因为存在体力和智力上的差距。

　　孩子在很小的时候就能判断自己和别人之间的力量差距，可以在心灵上感受到力量的大小。

孩子首先会判断对方的力气、个头、年龄，这些是能否压制自己的外在的直观指标，能让孩子产生畏惧感，觉得自己不如大孩儿，要向大孩儿低头，从而在心灵上产生高低之感。

有哥哥姐姐的孩子一般不会产生畏惧感和心灵上的高低之感，他们觉得和哥哥姐姐的心灵融在一起，没有距离感。哥哥姐姐是帮助自己的人，他们的力量是可以借助的。

对孩子来说，父母的力气是大的、个头是高的、年龄是长的，因此孩子在心灵上会对父母产生敬畏感。

受到大孩儿的欺负，孩子可以回避、求援，但是在家里面对来自父母的压力，孩子只能咬紧牙关去承受。

所以，父母认为对孩子的爱是如此深切，其实只是父母自己的感受，只是原生家庭父母的感情化，而绝非与孩子的共情化。

共情就是移情、有同理心，就是父母要从孩子的角度去体会。

父母要改变单方面的教条式的要求，不要用"别再哭了""你动作太慢了""你太不听话了""这么简单都不会"等说法，而是用"我知道你很难过""慢慢来，你肯定能做到""我知道你会改变的""没有人一次就会"等语句来替代，多从孩子的角度体会他的感受，就会收到不一样的效果。

如果父母不主动体会孩子的感受，孩子也不会去体会父母的感受，因为双方的心灵"主旋律"不同。

父母的心灵"主旋律"

很多父母的心灵"主旋律"是："你是我的孩子，我爱你，我做的一切都是为了你好。"

这个"主旋律"完全建立在原生家庭父母自己的感情假设上，他们会按照自己的想法做任何他们认为对孩子好的事情，而不太在乎孩子到底怎么想。

如果父母一直这样行事，那么孩子对父母的心灵亲昵、依赖和信任的程度怎么可能会高呢？在这种情况下，孩子只会对父母产生提防之心。

很多父母以爱孩子、为孩子好为前提，把自己的猜想和假设强加在孩子的思想、行为和感情上，使孩子对父母的亲密感和依赖程度都大幅下降。

比如，两三岁的孩子在一起玩，因为玩具发生了争执，有些父母就批评自己的孩子，强迫他分享，让孩子委屈大哭。在这个过程中，父母只是把自己对社会的道德认知强加给了孩子，而孩子是不懂的，他不觉得自己有错，他只是很喜欢自己的玩具，不想分享而已。但他不会用言语表达，只能用哭闹的方式来表达不满。实际上，孩子要到七八岁左右才开始理解道德规则，过早地强迫孩子去理解不会有好的效果。

孩子是用心来感受父母的，而很多时候，父母是用理性思维来输出对孩子的感情的，双方的感受差别很大。

父母的心灵"主旋律"的确是想要为了孩子好，只是很多父母难以控制自己的情绪和行为，思想也不成熟，让孩子无法对父母产生亲昵感。

这种支配心灵的隐性权利，如果我们运用不当，就会对孩子造成隐性的伤害，这种伤害可能在孩子成年很久以后才会显现出来。

超越爱的责任

父母确实不容易。在孩子小的时候，父母还都年轻，生存压力比较大，多重焦虑都在他们身上汇集、叠加。压力和焦虑影响到孩子，甚至可能在孩子身上释放，让孩子对父母产生提防心和距离感，从而降低对父母的心灵依赖度、亲昵度和依靠度。

原生家庭父母产生心灵"主旋律"的前提是对孩子的爱，但结果却出现了父母是可以不受约束或者受较少约束的观念。

父母要对自己的行为有意识、有约束、有反省。

首先，对于明显不利于孩子身心成长的负面情绪类行为，父母都应该不断地反省、修正和避免，这是原生家庭父母的责任，是超越了爱的责任。

比如，孩子的学习成绩不太理想，父母就大加斥责，数落孩子的各种不是，用成绩好的孩子来刺激自己的孩子，这种做法是非常不好的。学习是孩子的事情，就像工作是父母的事情一样，父母的横加指责会使孩子失去奋斗的动力。父母应该倾听孩子的烦恼，想办法调整孩子的学习方法，帮助孩子进步，而不是给孩子造成情绪上的挫折。

其次，父母要仔细反思和甄别对孩子的惩罚性行为，思考自己是滥用了父母的权力，还是真正触动了孩子的心灵？

在孩子还不太懂道理的时候，对孩子实施惩罚措施，其有效性基本为零。因为这些道理是父母的道理，并没有走进孩子的心灵成为孩子的心灵道理。父母没有在思想上和孩子达成一致，在思考问题的路径和方式上都与孩子不同。孩子的天性是直觉地观察和感受事物，父母因为孩子不明白道理就不耐烦地说教甚至惩罚孩子，那其实只是父母在自言自语。

父母如果没有静下心来做多方位的关于事例和情境的深度解读，只是多次重复一个道理的话，会使孩子产生提防之心，并让孩子感受到父母的权力很大且行为没有可预测性，令人畏惧。

作为直觉情境的学习者，孩子一旦认定了父母有这种惩罚倾向或者体验过父母的惩罚行为，就会产生一种很清晰的防范机制，在心灵上更不会与父母产生亲昵感了。

孩子在心灵上是顶尖的智慧者，他们天性如此。在获取幸福和防范风险上，孩子永远会把防范风险放在第一位，孩子天生机敏，心灵会本能地捕捉危险信号。

父母自我暗示"我做这些都是为你好"，认为孩子还小、没有社会经验，没有对事件的判断、理解、分析和预见性，不知道事件的后果和对人生的重大意义。父母为了防止各种事件对孩子产生不良影响，认为自己有责任用知识和经验帮助孩子控制风险和管理人生。

这是父母的感情理论，是对自己的心灵解释，其中很大一部分的确是具有意义的，也因此才能持续、稳定地成为父母心灵的"主旋律"。

孩子的心灵"主旋律"

那么，孩子的心灵"主旋律"又是什么呢？

孩子是按照自己短暂的、相对局限性的想法来行动的，在父母看来就像是无规则的布朗运动一样，非常盲目。但这却是孩子在那个时间里使心灵最舒适、最自由的方式，"我就想出去玩""我就想看动画片""我就想玩泥巴"……这些就是孩子心灵的基础声音，是孩子的心灵"主旋律"。

孩子的这种没有约束、自由自在的状态是为了使自己获得更大的心灵能量，使自己的心灵得到成长。

父母要共情、移情、有同理心，因为如果父母长期忽视或者拒绝孩子日常的心灵要求，会让孩子丧失心灵成长的好机会。

父母如果能够与孩子共情，像孩子一样去思考，理解孩子的想法，聆听孩子心灵的基础声音，就能理解孩子心灵的"主旋律"。

其实，从孩子出生到离开原生家庭，都存在着这个现象，孩子的心灵"主旋律"从未改变。

我上高三的时候，班里一位同学热衷于看武侠小说，成绩大幅下滑。老师在课堂上说武侠小说文学价值很低，这位同学立刻站起来反驳，说武侠小说是很有意思的。这是他心灵要求的集中体现，武侠小说中大侠的那种民族大义、江湖豪情、无拘无束的心灵状态是少年人期望和向往的，让人心潮澎湃。其实这是他情绪性、短期的行为，占据了他当时的心灵空间，控制了他的理性，但是使他感到了心灵的成长。老师不理解学生，学生也不同意老师的想法，他站起来反驳老师，是因为冲突让他内心最深处的声音发了出来。

孩子的表达能力有限，只能做简单的语言抗争，但究其根源是孩子的心灵在抗争，孩子心灵深处的声音在要求释放自己的压力。

"我和你们想的不一样，我想的这个才是对的，这是我在自己有限的心灵空间中做出的判断。我的逻辑和概念空间就这么小，我的视野还没有打开，我还不懂你们说的道理。如果你们能倾听我的声音，启发我、培养我，我可能会很快地获得心灵成长。请给我更多的心灵空间吧。"这是孩子的心灵之声。

父母贴近孩子的心灵，与孩子共情，就能真正地帮助孩子的心灵成长。

父母的心灵"主旋律"和孩子的心灵"主旋律"恰恰是冲突的，一方是我什么都可以管你，另一方则是要求心灵的自由成长。

孩子在玩耍中可能会突然被父母要求去做别的事情。其实，更好的方式是，父母可以利用"讨价还价"来发展孩子的策略能力和思维能力。

比如，天气冷的时候，孩子想穿着裙子出去玩，父母就可以与孩子"讨价还价"："可以穿裙子，但是里面要搭配厚裤子和毛衣。"

父母改变孩子的方式太生硬，会很容易伤害到孩子。适当的"讨价还价"可以满足孩子的自主需求，也能达到父母的目的，这种方式会增加孩子心灵的舒适度。

在孩子离开原生家庭之前，孩子心灵空间的概念很少，判断、分析、类比事物的能力也都比较弱，在没有真正社会化之前，孩子的经验也是很少的。父母的共情可以保护孩子内心深层次的能量，不要因为自己强大就忽略了孩子的心声。

如果要想让孩子真正产生对父母深层次的心灵依赖、亲昵和信任，那么就需要原生家庭空间和孩子的心灵空间极度地靠拢、合并，也就是要让亲子互动的空间增大。

父母要把存在于原生家庭空间中的对孩子的感情努力地转向亲子互动空间中的共情，与孩子一起去体会同一个心灵空间，而不是待在各自的心灵空间中，不关注对方最深处的心灵声音是什么。

父母如果不能将原生家庭空间靠近孩子的心灵空间，孩子就不会理解父母有多爱自己，也就不会在心灵上贴近父母。

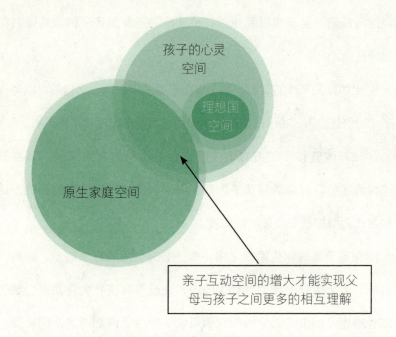

孩子的心灵
空间

理想国
空间

原生家庭空间

亲子互动空间的增大才能实现父
母与孩子之间更多的相互理解

请父母走下神坛

父母如何走下神坛，不再让自己高高在上？

就是要从感情转向共情，将原生家庭空间和孩子的心灵空间不
断合并。

社会上存在一种认识上的误区，即认为家里一定要有一个让孩子畏
惧的人，孩子才会听话。我们这一代人小时候就是这么被教育过来的，
这其实只是父母的声音、是父母的心灵读本，还停留在感情阶段。

有位记者采访了十几位年轻妈妈，请她们为自己的孩子打分，满分为一百分。妈妈们开始评论自己孩子的不足，给孩子的分从七十多分到九十多分不等。后来，记者给妈妈们播放了一段视频，里面是孩子们给妈妈们打分的过程，他们争先恐后地给妈妈们打一百分，甚至一万分。看到这里，妈妈们都泪流满面、感慨万千，她们意识到了自己的问题，那就是没有进入孩子的心灵去理解孩子。

要进入共情的阶段，父母就要去弄清楚孩子愿不愿意家里有个让他畏惧的人，孩子肯定不愿意。

为什么要强调原生家庭父母对孩子的爱要从感情转向共情？

因为，父母的教育目的不是让孩子害怕，也不是自言自语。父母觉得自己说的话很有道理，但孩子听不懂，那就是无效表达，停留在父母感情阶段的说辞过多，就会被孩子当成父母要发怒的警惕信号。

"我为了你多苦啊，砸锅卖铁……"这种话，孩子根本就听不懂。

让我们换个说法："妈妈每天都打扫卫生，即使再累妈妈也会去做，你知道为什么吗？因为妈妈希望你在一个干净整洁的环境中成长，可以随时席地而坐，读一本书，享受一段时光，妈妈希望你可以在家里放松地体会幸福和快乐。"

或者是这样："我们在外面玩了一天回来都累了，可是爸爸还要去做饭，为什么呢？因为家里食材干净，爸爸希望你多在家吃饭获得更好的营养，长好身体，爸爸即使辛苦也是值得的。"

这样的话孩子才听得懂，才能体会到父母的不容易。

父母给孩子启蒙，就要说孩子听得懂的话，要和孩子进行心灵对话，向孩子的心灵靠拢，才能在心灵上帮助孩子更加强大。

比如，我们可以把"你就知道看电视，我看你以后什么也不会"换一种说法，对孩子说："你看的这个动画片真是挺有意思的，爸爸妈妈也觉得很好看。你知道这个动画片是怎么制作出来的吗？什么样的人能做出这么棒的动画片呢？……爸爸妈妈相信，只要你每天坚持努力一点，以后也能做出非常棒的东西！"

又比如，孩子上幼儿园，放学后父母不要问"你今天表现好吗？""老师觉得你表现好吗？"等孩子不好回答的问题，可以用"今天有哪些好玩的事？""今天在幼儿园学了什么？""爸爸妈妈能帮你做什么？"等问题来帮助孩子回忆，思考自己的进步，获得成就感，而且会感受到即使自己不在家，爸爸妈妈也是关注自己的，会觉得很安全。

原生家庭的空间如果只是被父母占据，那叫夫妻空间，不能称作是孩子的原生家庭空间。

孩子是用心灵去感知、解读和进行情境学习的，而不是在父母的说教下学习的。如果原生家庭父母只停留在自己的道理上，停留在对孩子的感情阶段，守着自己的心灵"主旋律"，无法走进孩子心灵的话，那么孩子对于父母的心灵认可程度就会很低，很难听进父母善意的经验之谈。

为此，我们要多反思，及时修正自己的言行。

第 3 章

家庭空间中隐藏的宝藏

有人认为物质条件好的家庭更容易培养好孩子，其实不一定。孩子的成长归根结底是心灵的成长，而心灵的成长靠的不是物质的堆积，孩子只有心灵不断地蜕变才能越来越强。

无论贫富贵贱，每个原生家庭在培养孩子上都是有着可以挖掘的宝藏的，父母运用得当就能为孩子带去更好的未来。

打造原生家庭空间中的"大事"

孩子在成长的过程中关注的是自己的心灵空间，不会把所有注意力都放在家里。从孩子的角度来看，原生家庭空间更像是一个和自己的心灵空间并肩同行的空间，原生家庭空间中的行为、事件只有一部分对孩子产生影响。父母不要误以为日常生活中的默默付出可以让孩子自然而然地感知到。

在这个孩子看来是平行的原生家庭空间中发生的事情，哪些能让孩子产生行为和心灵的模仿呢？

孩子在开始模仿的时候，早期以行为模仿为主，随着孩子的成长，心灵模仿也逐渐开始涉及了。

孩子并不是简单地模仿父母的行为。孩子是在主动地组织、创造出新的行为，而不是照搬大人的行为。孩子那些看似无意识的行为虽然不是经过深思熟虑的，但却是孩子自己选择的。

孩子创造行为的顺序和原生家庭未必一致，体现着孩子的心理秩序，符合孩子的目的，有着孩子理解的逻辑。虽然未必全面，但是孩子会按照自己的理解去解释原生家庭中父母的行为，包括语言、秩序以及逻辑的深刻含义，并能明确地用这些深层次的含义组织和创造自己的语言和行为。

父母往往会吃惊于孩子的语言和行为，觉得孩子很有创造性。其实是孩子把原生家庭空间当成了一个学习资料的来源地。这种组织和创造是孩子学习的重要模式，孩子开始在简单模仿的基础上进行复杂模仿，结合更多的语言和行为片段来表达自己的逻辑和想法。

那么，原生家庭空间中的哪些东西能真正对孩子产生比较大的影响？

比如，在周末设置半小时读书会，每个人讲一下本周的读书体会，也可以讲个故事、事例，所有家庭成员一起讨论。孩子会非常乐于参与，觉得自己是大人了，与父母平等、受父母尊重，从而更加愿意主动思考。

如果一个原生家庭空间里没有"大事"发生，生活特别平淡，那么能够影响孩子心灵的因素就会很少。生活在"平淡"家庭里和生活在"有事情"家庭里的孩子在心灵的成长程度上是有着很大不同的。

其实，每个家庭都是可以有"大事"的。

家里有没有共同认可的有特殊意义的事物？

家庭生活是否有主题？父母是否有思想？

"大事"的主题和思想是否可以在原生家庭空间中比较清晰地得到展示并吸引孩子？

孩子的注意力并不完全在家庭里，如果家庭中的"大事"或者父母的思想、情结、偏好能够在原生家庭空间中为孩子清晰地展示出来，那么孩子从中进行思想、心灵、行为模仿的环境就会不一样。

一个没有思想的家庭是很难让孩子进行好的心灵模仿的。

家庭中能够吸引孩子的行为就是家里发生的"大事"，如果没有"大事"，家庭中的海量信息就不会对孩子的心灵秩序产生快速的、凝聚性的影响，孩子难以理解深刻的生活含义，这样的原生家庭只是一个能满足孩子生活需求的生活环境罢了。

原生家庭中有充足的可以让孩子模仿的行为，但是能够让孩子产生心灵模仿的行为需要父母特意打造。

父母如果能够有意识地在原生家庭空间中打造一些事件，让那些非常有价值的事件和行为去冲击、影响、渗透孩子的心灵空间，就能使孩子产生有深刻意义的情结和思想偏好。

父母给孩子提供的成长环境是要有教育意义的，是要有思想、有影响、有养分的教育，而不是过度地强调平静与温和。如此才能真正地将父母期望孩子拥有的精神品质输入到孩子的心灵空间中，吸引孩子的心灵注意力，让孩子在原生家庭空间中追寻和模仿，不断地吸收心灵养分。

如果孩子的心灵空间无法从原生家庭空间中吸收养分，那么孩子的心灵成长速度就会很慢，很难养成启发性思想，也很难具有自我成长的能力偏好。

父母如何在原生家庭空间中制造营养呢？

父母曾经也是孩子，在长大成人的过程中经历过很多事，心灵空间是很丰富的，只是因为过于熟悉而忽略了将这些自己没有意识到的东西组织出来传授给孩子。

父母往往过度地关注孩子的普通成长，浪费了自己内心丰富的内容，错失了给孩子补给营养的好机会。

家里的事物一定会对孩子产生影响吗？不会的，这是父母的心灵误解。

父母有没有真正地展示出自己丰富的内心世界，并让孩子清晰地感受到呢？

如果父母展示了，孩子也感受到了，那么父母需要持之以恒地、慢慢地培养想让孩子拥有的偏好和情结。

比如，热爱科学的情结，热爱大自然的情结，热爱快乐的情结等。这些情结都不是孩子能够从原生家庭的日常生活中直接习得和模仿的，因为普通的原生家庭生活只能让孩子进行一些朴素的行为和语言上的模仿。

比如，父母带孩子外出露营，感受晨曦的美丽，去思考自然界万事万物的生长规律和千丝万缕的联系；父母带孩子爬长城，去感受千年的时空交错，感受将士们保家卫国的热血……

孩子在很小的时候就能够意识到冲突的存在，感受到家庭解决冲突的方式，而且能够观察到每个人解决冲突的方式不一样。

孩子有理解事物背后深层次含义的能力，但并不能轻易地习得类似于解决冲突的态度、对科学的偏好、对家庭的热爱、在生活中保持朴素的意义等生活中深层次的事物含义。

这就需要父母剥离事物表面的简单行为和语言，将隐藏在背后的深层次含义显性化，将这些隐藏于深度生活中的含义挖掘和展示出来，为孩子讲解，与孩子探讨，从而嫁接到孩子的认知中，因为孩子是完全有能力去认识这些深层次事物含义的。

比如，尊老爱幼，父母除了要身体力行地展示出这些行为外，还要进行多次、多方位、详尽的讲解，这样孩子才能理解行为背后的道德含义。

又比如，班里组织打扫卫生，父母可以就此跟孩子展开讨论，"教室挺干净的，为什么要打扫卫生？""学校有专人打扫卫生吗？""既然学校有专人打扫卫生，老师为什么让你们打扫呢？""你觉得大人干活快还是小孩干活快？""大人打扫卫生比小孩用的时间短，那为什么会让你们打扫呢？"……父母要用问题引导孩子持续思考，去发现事件背后蕴含的深层次含义。

父母把这些事物背后的深层次含义教给孩子，要比让孩子学会说几句好听的话、做几个简单的动作更加符合孩子的成长需求，父母要充分运用孩子的能力去建设孩子的心灵空间。

不是原生家庭空间有什么，孩子的心灵空间里就会有什么，从孩子的视角看，这只是两个并肩同行的心灵世界。

我们是在成年、社会化很久以后才开始思考和学习父母身上的一些优良品质的，而不是在儿时的原生家庭中显性地学到的。如果我们当初能够早一些学到原生家庭的精华，那么我们对于生命、学业、恋爱、工作、婚姻、家庭、事业等重大事物的理解就会深刻很多，在社会化的过程中也会从容很多。

因此，作为父母，我们在养育孩子的同时，也要有意识地教育孩子，不要白白浪费了与孩子平行的宝贵时光。

原生家庭空间中的宝藏

原生家庭空间是孩子的成长环境，但是对孩子影响最大的是教育环境。

对于孩子而言，好的心灵级的教育应该是父母对事物的深刻认识。

父母将原生家庭普通生活中隐藏的重大含义展示给孩子，施展原生家庭的教育功能，让认知真正地走入孩子的心灵空间。

时间过得很快，我们要抓紧机会对孩子进行普通语言和朴素行为背后意义的教育，利用原生家庭空间对孩子进行心灵启蒙。

比如，孩子虽然每天生活在家庭中，但是家庭观从何而来？如果父母只是在厨房里忙碌备餐，没有认真地构建教育场景，那孩子就只是生活在一个快餐家庭中，孩子会认为家庭是个体概念而不是群体概念，把原生家庭当成普通的并行空间。

"爸爸上了一天班，为什么一回家就去厨房？""咱家就3个人，妈妈为什么做4个菜？""为什么每餐总有你喜欢吃的虾？""外面冰天雪地，我们能在家喝热汤，是不是应该谢谢妈妈？"……如果父母不用丰富的语言让孩子去感受家庭的温暖，孩子自己是感受不到的。

如果孩子是孩子、家庭是家庭，父母的养育之恩又如何能对孩子造成影响呢？

很多父母都是尽了抚养责任的，但他们没有去挖掘日常生活背后的隐性意义，孩子无法进行显性的深刻认识，难以体会父母的辛劳。

普通的原生家庭生活无法展示出父母对社会和家庭深刻的认识和深厚的感情，使孩子只能理解到生活的表面，即朴素的语言和行为。

有些父母想让孩子自己去理解，孩子可以理解一部分，但不全面。

如果孩子在自我理解的过程中不能较早、较全面地理解父母心灵级的呵护并吸收养分的话，就只有等到成年很久以后，才会回过头来探寻原生家庭。

我认识一位女士，她幼时父母离异，母亲独自把她带大，但是她们母女的关系一直不好，她总是抱怨母亲，和母亲吵架。等她到了不惑之年才终于能够体会母亲的不易，改变了对母亲的态度。

但是，难道她母亲的这些不易以前不存在吗？

她的母亲当然很辛苦，但却只是做了很多隐性的展示，孩子怎么可能会记住并且真正受到影响呢？

孩子关注的世界是自己的心灵空间，不是原生家庭的空间。

这位女士在纠结和自我冲突中没能形成完整的家庭观，始终不敢步入婚姻、组建自己的家庭。

其实一个家庭并不一定是父母双全的，但这并不影响这个家庭成为幸福的家庭。

小说《一碗阳春面》讲述了一位单身母亲带两个儿子去面馆吃阳春面的故事，展示了在困境中充满希望，坚强面对不幸的美好品质。这位母亲成功地培养了两个孩子，还清了丈夫的债务，她从来没有抱怨过生活的不幸，而是让孩子体会到了自己的不易和家庭的温暖。

父母要让孩子知道，世界上是有着各种各样的幸福家庭的。

前面提到的那位女士，她的母亲其实一点都没有少付出，自己一个人抚养孩子，用微薄的工资供孩子读大学、读研究生。在她们最艰苦的岁月中，原生家庭空间中是有着非常有价值的教育养分的，但是她的母亲没有意识到，没有把自己的含辛茹苦、对孩子的爱、对前夫的不满分离开来，也没有把家庭观念很好地、显性地展示出来去建设孩子的心灵空间。

她的母亲只是让孩子自己去理解、去观察，让孩子简单地模仿大人的言行并组织自己的思想，造成了孩子日后对母亲的冷暴力和埋怨，是一种巨大的教育缺失。

其实那位女士的母亲在这么艰苦的条件下能把孩子培养成人真的非常不易，但是与《一碗阳春面》中的母亲相比，后者的智慧就在于她把生活中真正对孩子心灵成长有意义、有价值的东西展示了出来。

父母真正的教育意义就在于发掘深刻的生活含义。

无效的默默无闻

父母不要只成为家庭中的普通抚养者，使孩子在思想上成为一个流浪儿。

如果父母让孩子自己去发现家庭朴素行为、普通语言背后的逻辑和生活的意义，那么孩子往往会很叛逆。

因为叛逆的特点就是概念和价值观会变形，让孩子错过人生最好的青春和心灵的发展期，耽误人生重要的价值增长窗口，误解感情的意义。

生活背后的含义，对于形成家庭、情感、人生的各种基本元素的顺序的正确理解是非常有帮助的，如果父母对此展示得好、组织得好，就能体现出平凡生活的巨大教育意义。

孩子的注意力通常会放在自身上，理解事物的时候会更在意自己的得失，毕竟孩子还很弱小，比较的范围不大，孩子自己总结看法的时候会不完整，而且会加入很多偏见。

比如，我认识的那位女士就没能体会到母亲的不易，反而责怪母亲，误解婚姻的本质，看不到婚姻的正面意义。而《一碗阳春面》中的那位母亲是睿智的，她不是简单地吃苦。

"穷人的孩子早当家"，这句话的深刻含义非常精妙。孩子如何能早日体会到并转变为自己的心灵能量？这需要父母把生活中家庭的意义，生活中涉及的基本元素背后的深层次含义淋漓尽致地展现出来。孩子小的时候，原生家庭空间是最贴近孩子心灵空间的，父母展现得清清楚楚，孩子才能真正体会。

如果一个孩子的家庭观、婚姻观模糊不清，并且对此存在情绪化、持续的误解，那么这种态度也会延伸到其事业中，孩子会认为事业只是自己的、与家庭无关，从而很难用平和的心态完整地看待世界。

孩子不会自然而然且正确、全面和深刻地理解生活，需要父母进行显性的引导和比较。

这是原生家庭空间中父母最深刻的责任，也是孩子最宝贵的人生财富。

比如，父母每天的忙碌背后体现的是对孩子深沉的爱和对家庭深厚的责任，父母给孩子报课外班、风里雨里接送孩子，是为了让孩子多学一些东西，为孩子的未来多铺一些台阶。

父母不用细致的语言为孩子展示，孩子是不会听到并理解的，父母就只是在默默无闻地奉献。

有一位父亲非常疼爱儿子，为了让儿子接受好的教育，自己省吃俭用。可是孩子并没有体会到父亲的不易，没有珍惜父亲给自己创造的良好的学习环境，高考的分数很不理想，即使这样，他还在满不在乎地玩游戏。这位父亲绝望了，他说真希望儿子能够体会到生活的不易，懂得珍惜。

原生家庭能够给予孩子的宝贵财富不是父母的钱，也不是父母默默无闻的奉献，因为它很可能是无效的。就像上面例子中的父亲，他吃了很多苦，但这些苦都是隐性的，孩子并不知道，父亲的默默无闻并没有使孩子觉醒。

让原生家庭空间的宝藏成为孩子的心灵能量

父母的使命、生活的酸甜苦辣、家庭的温暖、情感的理解……这些都是原生家庭空间中最重要的财富组成部分，也是父母在日常生活中最容易展示给孩子心灵空间的东西。

不要让孩子成家立业、有了和父母同样的境遇以后，才开始觉察到父母的伟大。孩子本来是可以在幼小的时候就懂得把成长当成心灵的勇气、能量和武器，从而发展得更好，生活得更幸福的。

如果父母用简单粗暴的方式来处理冲突，那么孩子就会在潜意识中自我总结，认为权力的作用很大，意识不到权力是和责任捆绑在一起的，从而使自身的发展出现偏差。

孩子上小学后，与父母的相处时间减少，心灵就会远离父母一些；上初中后，孩子的独立意识变强，开始初步形成自己的世界观和价值观，从社会和书本上汲取更多东西；上高中以后，孩子的独立意愿越来越强；上大学以后，孩子远离家庭，受父母的影响就更少了。因此，我们要在有限的时空中真正地对孩子产生影响。

　　母亲是什么角色？一般而言，母亲对生活和心灵观察的细致程度会比父亲高一些，是孩子心灵引导的最佳人选。孩子也愿意把母亲纳入到心灵中更高的地位，让母亲聆听自己的内心。

　　如果孩子的心灵空间过于独立，那么孩子总结问题、看待问题的片面性就很难得到正确的指引和纠正。孩子毕竟年幼，再聪明也不能解决非常复杂的问题，尤其是感情和人生的问题。

　　所以，如果父母没有做好家庭思想财富的启蒙，没有和孩子打通心灵空间，只履行抚养的义务，那么，当孩子碰到问题的时候，会向别人而非父母倾诉。

　　作为父母，我们要让孩子在生活中感受到家庭的温暖、亲情的美好、心灵的幸福，让孩子的心灵空间与原生家庭空间紧紧靠拢。

　　"你是我们的孩子，你的到来让我们的生活充满欢乐，也使我们变得更加强大，我们愿意为了你去拼搏，为你提供好的教育，帮助你实现梦想，让你获得更加幸福的人生……"这类语言能让孩子意识到父母的不易。另外，让孩子做家务，也能让孩子体验生活、体会父母的不易，如果父母再加以语言引导，孩子就会更容易体会到责任与爱的关系等深层次的人生意义。

　　父母的经验教训是经过长时间的历练得到的，是巨大的精神财富，如果没有将这些展示给孩子，也就没法真正地走进孩子的心灵空间。

父母不仅仅要培养孩子未来的学业，还要培养孩子未来成人的能力。

成人的能力体现在生活中的各个方面，如果父母不教，靠孩子自己慢慢地总结和理解，就容易出现偏差。

原生家庭与孩子并肩同行的时间很珍贵，我们要让孩子真正知道那些综合性的、生活里的各个重要因素及其背后的深层次含义，**养成孩子心灵中积极的思想、情感、偏好、习惯、情结，**才能对孩子的未来产生正面的影响。

比如，父母与孩子讨论"什么是家人，什么是外人""什么是亲情，什么是友情""为什么聪明人也需要勤奋"等话题，去启发孩子自己思考。孩子会调动一切知识来与父母讨论，过程中会形成自己新的想法。父母长期地用讨论来引导孩子思考，孩子就会慢慢形成自己的偏好和情结。

如果我们与孩子只是在平铺直叙、缺乏思想交流的生活中度过了并肩同行的这段珍贵的原生家庭的时间，那么孩子在未来的几十年中如何有能量去爆发呢？

原生家庭父母要做好这些重要的人生教育功课，培养孩子成人的能力，完成原生家庭的基本任务。

原生家庭的细致养育

为了培养心灵积极强大的孩子，为了引领孩子更好地追求幸福，原生家庭需要采取一些实质性的措施，其中有三个基本措施：避免原生家庭的负面行为、有效陪伴创设优质家庭、树立孩子健康成长的远大志向。

这三个措施是为了细致地教养孩子，而且这些措施都是低物质成本的措施。

首先，避免原生家庭的负面行为，就是要避免、改善原生家庭内明显会对孩子造成伤害的负面行为。

父母争吵、打骂孩子、说丧气话……我相信这些非常显性的负面行为，父母都十分清楚应该避免。我们要呵护和关爱孩子，为孩子营造舒适温暖的家庭氛围，不要让孩子因为焦虑和畏惧而丧失对未来生活的希望。

其次是有效陪伴。有些父母认为自己给孩子提供了住所和受教育的机会，每天都能陪陪孩子，这样做就是有效陪伴，其实不然。

有效陪伴有三个标准:

一是父母创设了孩子在原生家庭中心灵空间成长的基础。比如住宿、教育、关怀等,这些是最基础的;

二是父母在原生家庭中帮助创设了属于孩子自己的心灵空间。孩子在这个心灵空间中可以自由决定自己的行为和想法而不受批判,可以安全地自由发挥而不受约束,孩子在这个心灵空间中和父母的心灵平等;

三是父母在孩子的心灵空间中有效地输入了持久稳定的价值观,对孩子进行认真的培养和协助,使其心灵空间不断向外扩张。

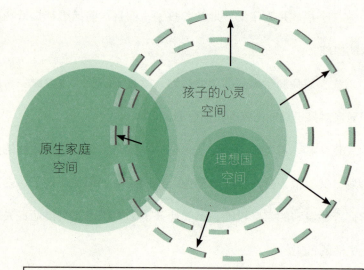

父母要在原生家庭中有效地向孩子的心灵空间中输入持久稳定的价值观和信念,帮助孩子的心灵空间不断向外扩张

最后，就是要帮助孩子树立远大志向。志向的树立离不开父母的有效陪伴、价值观的持续输入，高远的志向会让孩子一生追随。

比如，孟子从小立志成仕，王羲之自幼苦练书法，匡衡凿壁借光读书，苏秦锥刺股终成一代名士……

孩子尚小，在志向的树立上通常会随着年龄的增长而变化，父母要不断地帮助孩子心灵纠偏，把家庭资源配置到这个方向上来，帮助孩子在心灵中建立起健康而正向的观念、情结、偏好等。

父母要以未来为导向帮助孩子创设心灵空间，这个心灵空间将是孩子未来美好的心灵故乡。

为何有些人对同一件事情的解读和感受会差别巨大呢？为何有些人活得幸福、宁静、祥和，有些人则贪婪不绝、永不满足呢？因为人们的心灵故乡各不相同。

童年实质上是指孩童时代的心灵故乡、心灵空间，而不仅仅是指那个年龄段。

儿童的心灵空间应该是很纯洁的，父母一定要将高尚、纯洁的内容培植在孩子的心灵故乡之中，孩子才会用洁净的心灵去解读和感受世界，觉得世界的美好和光明无处不在，不会用怨恨和嫉妒的心态去对待自己和他人。

澳大利亚演说家尼克·胡哲虽然天生没有四肢，但是他的家人从未放弃过他，鼓励、陪伴他一路成长，使他克服巨大的困难站上了常人不及的高度。

真正成功的原生家庭教育，绝不是让孩子只知道争夺生存空间，只在乎"赢"的价值观，这些东西最终只会带给孩子疲惫的身体和残破的心灵。

原生家庭的养育精神是要让孩子明白上天赋予生命的珍贵、平等的权利，让孩子拥有幸福生活的心灵。

有了这些内化的感受和对生活全面的理解，孩子在解读复杂世界时才有可能走进高层次的精神世界，才会愿意用高的标准要求自己，才能真正地做到自律，因为孩子知道自己的未来在哪里。

孩子净化心灵才能解读出普通世界的美好，从而珍惜生命、心怀坦荡地去追寻梦想。

第 4 章

如何在家庭空间中进行启蒙?

什么是启蒙？

　　受过启蒙的人和没受过启蒙的人有什么区别？启蒙的内容是什么？父母对孩子的启蒙有没有预期的目标？

　　当今社会的知识层次、人才结构都与六七十年前不一样，在过去，有知识的人是稀缺资源，现在则不同，未来更加不是。一个人的价值体现在他学到一定程度后所具备的各种能力，而不只是有知识。

　　那么，启蒙意味着什么？启蒙是为了使孩子在未来能够发展得更远、更好，在早期开始的一项细致的、意义重大的系统性工程，持续的时间绝非一年半载。

　　古时候，考科举是非常难的事情，执政了两百多年的清朝一共才录取了两万多名进士，一个村里都很难出一名秀才。功名能够提升人的身份和地位，比如秀才家里可以免税、免徭役、在公堂上免跪等。为了考取功名，学生们要长期地学习并参与全国性的竞争。那时的人是如何启蒙的呢？一般是由人品、学问都很厉害的老先生来启蒙，授课不只是让学生学会典籍内容，更重要的是老先生要把自己对这些典籍的理解讲给学生，去启发他们。

当今社会与过去相比变化很大，启蒙的形式多种多样，细分度也越来越深了，父母可以选择不同专业的人对孩子进行不同的课程教育。

父母作为孩子最早的启蒙者，需要有高度的责任心和研究精神，除了传授知识，优质的启蒙者还要培养孩子开放、随和、乐观、淡定、宽容、谦逊、尊重自己和他人、平等互助、终身努力等优良品德，使孩子终身受益。

父母的优良品德能够让孩子受益一生，父母崇尚的事物也能够成为孩子追寻的目标。很多专家、名人，其父母也是该领域的研究者，家庭里浓厚的专业氛围会潜移默化地给孩子带来影响，使他们也步入父母的研究领域。优质启蒙的责任是父母的，不是父母花钱能够转嫁给他人的。

父母应该如何给孩子启蒙？要借助对孩子未来有帮助的事物。

第一类是人物，父母给孩子讲榜样人物的故事，这些榜样人物可以是科学家，也可以是父母的老师、同事、前辈，让这些人物故事鲜明而持续地走入孩子的心灵空间。比如，美国医生维文·托马斯本来只是一名清洁工，没上过一天医学院，却凭借着顽强的意志不断学习，完成了医学史上第一例心脏外科手术，成为现代医学的先驱。

第二类是事例，随着孩子的成长，人物和事例的作用会越来越大，比知识对孩子的持续影响力要大得多，会陪伴孩子一生。比如，二十多年前，在北京大学当保安的张俊成考入了北京大学，他的事例在当时引起了很大的轰动，激励了很多人。事例透露的道理非常鲜明，比如人为什么要学习，为什么要追求知识，为什么要有自己的兴趣？父母可以通过事例来回答孩子的人生问题，好的教育会让孩子受益终身。

第三类是概念，父母要研究和发现孩子的特点，因为无差异启蒙和有差异启蒙差别巨大。我的父母比较注重数学和英语的启蒙，经常给我讲一些重要、基础、典型的数学概念。这些概念隐藏在生活中的各个角落里，一旦有机会父亲就反复给我讲解，用清晰、简单的方式将其渗透到我的头脑中，使我做事情时非常有条理、有概念，能够把复杂的事情看得透彻、简单，具有前瞻性。

父母的认知水平不同，但是只要不断努力提升自己，认真研究孩子的特点，就能因材施教，对孩子进行启蒙。父母要整理身边能够给孩子启蒙的种种事物，也要努力改正自己身上的不足。父母还要像孩子一样学习、反思，必要时还可以借助社会的力量。父母要当好"导师"，这项细致工作是他人无法替代的。

　　父母在对孩子进行学科启蒙时，要善用人物、事例、概念来引导孩子，帮助孩子建立自己的学科空间。

　　经过真正启蒙的孩子会自己寻找知识和伙伴，这是孩子心灵空间成长的重要标志。如果没有伙伴，孩子心灵空间成长的速度会很慢，孩子很孤独、挫折感很强，对于事情的承受能力也很弱。孩子主动找知识和伙伴就说明父母把孩子的心灵激活了，是有效的启蒙。

　　启蒙不是一两年的事情，这需要父母在心灵上与孩子同行。我的父母已经八十多岁了，还在指导我，为我输入心灵的能量。

启蒙的格局——打造未来的召唤力量

　　前面主要讲了存在于原生家庭中的几个空间，以及孩子成长初期的基础内容，让大家对自己和孩子的成长空间及过程有了一个比较清晰的认识。

　　接下来要谈的是原生家庭启蒙孩子的格局问题，这是父母在培养孩子之前便需要考虑清楚的事情，关乎孩子未来的人生高度。

　　什么是格局？

格，可作为动词。"王阳明格竹"，是指王阳明（明代著名思想家）对着竹子仔细推究事物原理。在此，"格"就有分析、探究之意。

局就是局面、局势，是指人心中的世界、眼界，是一个人在处理事情的时候，能够意识和考虑到的与此事有关的局面、背景、参照物的范围。局的核心意思是指人的参考指标，每个人的局不一样，其实是指每个人的参考指标不一样。

比如，对于培养孩子而言，有的人是全球视野，有的人是国家视野，有的人是城市视野……

因此，父母在孩子的启蒙中，首先要想好给孩子设定的未来的参考指标。

父母的视野有多大？父母希望孩子的视野有多大？父母希望孩子成为什么样的人？这些指标其实就是局。

比如，有的父母想让孩子去一流大学学习，毕业后进入大企业工作，找位好伴侣，生活得幸福一些，财富自由一些，家庭稳定一些，这些都是指标。人的视野只有用指标呈现出来才能清晰化。

格局是一个人、家庭或者组织规划自己未来所参考的体系指标。体系指标的不同造成了每个人、家庭或者组织的格局不同。

格局就是用未来的指标来指引现在的生活。

对于同样的事，大家的反应各不相同，有些人认为很重要，有些人认为和自己无关，是因为大家参考的指标不一样。体系指标是真正用来影响和指导家庭、父母与孩子成长的。

格局可以分为观念格局、执行格局和日常格局。

观念格局可以很宏大，与一个人的修养和眼界有关，但是并不能直接指导我们的行为。

对孩子的教育，每位父母都有自己的观念格局，比如想让孩子成为什么样的人就是最模糊而又最直接的观念格局。观念格局未必是让孩子未来从事何种职业那么具体，而是为孩子描绘了一个大致的模样。当父母开始分解观念格局的时候，它就会具象化，比如为了孩子的未来应该让孩子接受何种教育、在哪个城市生活、选取何种生活模式等，这些其实就是大的观念格局下分解出的子观念格局。

执行格局则更为直接地指导着我们的行为。

父母知道要实现观念格局是非常艰苦的，因此会在孩子成长的关键阶段为孩子安排一些关键任务，例如孩子在小学、初中、高中这些关键阶段内的数学、语文怎么学，如何培养好性格等。这些关键任务针对的是一些具体的事情，在关键阶段完成关键任务对应的指标就是执行格局。

在孩子成长的几个关键教育期内，父母如何启蒙孩子、如何安排启蒙事物的顺序都受其执行格局的影响。执行格局与人们当时碰到的具体问题和困难直接相关。

父母的观念格局也许很大，但是碰到问题的时候执行格局会很具体，不同的执行格局也会因不同的事物而波动变化。

在三至九岁的阶段，孩子是没有太多具体困难的，没有学术任务和考试的压力，因此父母启蒙孩子的时候要给孩子最高的观念格局，培养孩子高尚的人格。孩子一旦进入小学高年级后就会有很多具体任务和目标了，这一点父母首先要有清晰的认识。

有些父母的观念格局止步于孩子大学毕业，把学历、成绩等当成了局，局限在具体的事情里，而不是在用一生的视野引导孩子，这就十分可惜了。

如果父母经常把困难的事情当成局，把解决难题当成局，那么就会把孩子局限在一个狭小的空间内，孩子就很难有宽广的视野。

也有一些父母在培养孩子时考虑的都是非常具体的事情，比如邻居家孩子上了什么课、学了什么东西，所以我家孩子也得学，用这些狭隘简单的指标来指引孩子。

如果父母用最低的目标和标准要求孩子，那么孩子又怎么会看得长远呢？

对于日常的困难，父母在培养孩子独立性的基础上可以帮助孩子完成，但父母最应该做的是要用最高的格局教育孩子，不要让孩子被局限住。

很多父母的日常格局非常混乱，有人把未来的观念格局当作日常格局来用，经常说一些如"你以后要当科学家""你以后要为国争光"等空话。这些对不对？对，但是如果父母在日常生活中只会说这些，其实是没有太多效果的，也容易引起孩子的反感。也有人把执行格局当作了日常格局，比如把将来的事情放到现在，对孩子说"你数学学不好以后会后悔""你不努力考不上好高中"等。

执行格局对应的是当下的任务，父母要帮助孩子完成当下的任务，而不是把以后关键期的任务不断地往前提。

什么是日常格局？日常格局是父母身体力行地向孩子展示自己的日常生活、工作、学习，让孩子看到身边的榜样、未来的成长轨迹、未来的生活和学习内容等。父母要展现出生活的重要细节和习惯，比如保持家里的卫生整洁、对生活和学习的执行力等，这些严格细致的训练都是日常格局，其价值绝对不亚于观念格局和执行格局。

整洁、卫生、细致、有条理，能分类、系统地展开工作和学习，这些日常格局会锁定孩子身上的特质，让孩子自信、细致、坚韧，并且将这种思维方式和习惯固定下来。在此基础上，执行格局和观念格局才能帮助孩子完成各个阶段的关键任务和关键指标。

孩子小时候的习惯养成体现的是父母的日常格局能力。如何在时间有限、体能有限的情况下协调好孩子生活中方方面面的冲突，使孩子达到最好的状态，这些都体现着父母的智慧和日常格局能力。方法和习惯的力量是超过智商的力量的。

观念格局、执行格局和日常格局构成了一个生态圈，父母可以进行调整，但是如果父母过于强调日常格局，用日常的困难和具体的事物作为指标来指导孩子的话，孩子就容易世俗化。

因为在孩子三岁之后，会面临社会上的很多具体任务，孩子就会形成自己的执行格局或者日常格局，很难听进去那些高尚的、高层次的观念格局了。高远的眼界对孩子来说非常重要，会影响孩子一生的高度和幸福。

原生家庭父母要把对孩子日常的鼓励转变为孩子的动力，告诉孩子未来的格局是没有边界的，未来的人生发展也是没有边界的，未来是有各种可能性的。孩子的勇气、未来召唤的力量都会因此而生。

如果我们把格局当成具体任务，用难点导向来影响孩子，逼着孩子去克服各种困难，那么孩子只会产生巨大的挫败感而不会产生动力，会觉得未来很可怕。

有一个男孩考上北京大学以后，由于受不了压力而自杀了，他在遗书中写道："爸妈，我已经替你们考上北京大学了，你们不要再来烦我了。"孩子的父母只会用学习成绩这个局来评价孩子，使得孩子无法接受大学学习成绩不理想的现实，走上了不归路。

我们应该以未来为导向，用未来的指标和召唤的力量来影响孩子的格局，而不是以现实为导向、用现在的困难和日常任务对孩子施压，这种静态指标导向的格局是无法形成未来的召唤力量的。

父母的格局高，孩子的格局会更高，反之亦然。

父母在孩子的格局设计中要注意以下几点：

一是要拓展包括视野在内的各层格局指标，父母要将这些指标与外部、社会的变化进行比较、修正，用来指引孩子未来的格局；

二是要简化日常格局的指标，基本任务当天完成就可以了，父母不要过多地苛责孩子；

三是不要过多地渲染执行格局的指标，不要给孩子施加焦虑感；

四是要为孩子设立一个自由表达意愿的空间，及时了解孩子的想法和观点，不要让孩子在心灵上远离自己，要与孩子一起讨论和打造双方更为满意的行为模式；

五是要记录孩子格局的变化、家庭教育格局的变化，随时查看和调整。

高远的格局才能不断地召唤孩子，孩子才会不断地自我追索，父母不要盲目地让孩子学习各种技能。

一个四五岁的孩子去学适合七八岁孩子的技能有什么用？就算是学会了适合十七八岁孩子的技能又如何呢？开发孩子的社会技能不等于开发孩子的大脑。

心理学研究表明，孩子过早地模仿成人的社会技能，并没有真正将这些技能内化在其思维体系中，而只是模仿了大人的语言和动作，其思维能力并没有达到成人的水平。

一位好的主持人需要具备丰富的专业知识、熟练的语言技能、庞杂的学科知识，才能站在台上机巧应变，而不是站在那里夸夸其谈，讲几句简单的开场语。但是，观众们仅仅看到了主持人的妙语生花，却没有看到他们强大的思维能力和调用脑中巨大"数据库"的能力。

父母光是让孩子模仿主持人说话有什么用？就像让鹦鹉学舌，

它没有自己的思想。

另外,为什么父母一定要设立一个孩子自由表达意愿的空间呢?如果一个孩子在他的心灵空间里、在他的理想国里、在他认为最安全的地方都不敢自由表达的话,这个孩子在外面就更没有勇气了。

有的孩子学习成绩很好,但却没有勇气、怕犯错,上课时不敢发言,毕业后找不到好的工作,不容易被社会认可。敢于说、敢于探索,有勇气和自信才是社会认可的人才的重要标志。

格局到底是怎么影响人生的?其实就是能够形成未来的召唤力量。

让孩子内心充满力量,积极地面对未来和他人,能够用未来的要求指导自己现在的行为,才能被社会认可。

真正的格局,是未来如何做,是用未来召唤自己现在要朝哪个方向去奋斗,这是我们作为父母在培养孩子之初就要想好的问题。

新时代需要什么样的人?

每个时代都有自己的特征,父母培养孩子时要顺应时代,才能使孩子的未来从容而确定。因此,我们首先要了解时代的特点。

的确，如今的社会存在各种压力，现在比较普遍的是未来的不确定性所带来的压力，因为大家找不到具体的奋斗目标了。

当人有具体奋斗目标的时候，无论这个目标多难实现，一般都不会过于焦虑，而是会想尽各种办法去寻找解决方案。

但是，人在没有方向和目标、无知的情况下就会感觉害怕，对于不确定性，人就会不断产生焦虑。

中国的发展速度如此之快，在进入现在这个新时代后，特别需要发挥人的原创能力。

在新时代里，如果原生家庭父母只教育孩子不要犯错，让孩子在家听父母的、上学听老师的、上班听领导的，那孩子的发展会受到极大的限制，在未来的竞争中处于危险的境地。

我们真正应该教给孩子的是天赋自然，让孩子发挥出自然的天性，因为孩子的天性就是适应社会、与社会和解以及融入社会。

在新时代中，我们要教给孩子能够因时而变的心灵力量，告诉孩子变化中蕴藏着巨大的机会，而不是让孩子严格依循父母这一代的经验，那样只会泯灭孩子的天性。

我们无法预测下一代的社会生活，就像我们的父母无法预知社会的变化程度一样，未来的科技发展会推动社会发生更大的变化。

为什么我们不能让孩子做一个只会乖乖听话、不犯错的孩子？

因为，当变化来临的时候，这些乖乖听话的孩子很难有应变之举。

一个人需要心灵的力量去不断地学习各种知识和技能，才能有勇气、心态平和地面对一切，不断地突破自己。心灵的力量和梦想能给人底气，支撑着人不断前行。

真正的大师，往往都是多才多艺的。

比如达·芬奇，文艺复兴后三杰之一，他是画家、数学家、工程师、生物学家……

比如苏轼，唐宋八大家之一，他不仅精通文学，在艺术、水利等方面也有涉猎，还是著名的美食家……

比如苏步青，中国微分几何学派创始人，他既精通数学，又懂诗词……

如果一个人的心灵力量很弱，放大所有困难，又如何进行各种跨界的探索呢？技能是永远不够的。

在原生家庭的教育中，我们要带给孩子信念和智慧，让孩子明白人生就是不断变化的，变化里蕴藏着机会，要乐观勇敢地面对挑战。我们要把孩子当成一个人而不是机器来培养，这样的孩子才不会轻易地被时代淘汰，心灵的力量是原生家庭培养孩子的关键，会支撑孩子一生勇敢前行。

当然，这个过程并不容易，孩子的心灵强大也不是一朝一夕的事，父母不用为此过于焦虑。只要不停下学习的脚步，每个人都是值得敬佩的。

我们要引领孩子走向何处？

原生家庭要引领孩子走向何处？我们培养孩子的目标到底是什么？

原生家庭培养孩子的主旨应该是引导和启蒙孩子寻找和实现自己的人生幸福。

我们要帮助孩子设立高远的人生目标，这样才会让孩子明白人生不仅仅是为了升学考试、找工作、买房等。孩子的发展领域和方式会超越我们，未来世界的发展速度会更快。

如果原生家庭设立的生活培养原则还只是停留在生存阶段，那必然是落伍的。

在未来，人工智能会越来越多地进入简单、重复性强的工作岗位，人们需要去做那些创造性的事情，因此，孩子们未来的问题是他们在进入社会后能不能禁得住考验，能否体会到更多的幸福。这就需要原生家庭给孩子引入更高的人生目标，即为了人生的幸福。

为了让孩子获得真正的幸福，我们在培养孩子时要避免两种原生环境。

一种是拜金主义的家庭环境，我称之为"心穷"，因为家庭的价值观只有钱而无其他。如果父母表现出来的行为都是围绕钱的争夺、骗取，在这样的家庭价值观下，孩子是没有希望的。

父母的心穷将变成孩子的贪婪，孩子的品质会受到极大的玷污，从而在竞争中显得更加低级。

拜金主义会极大地阻碍孩子参与社会重要角色的竞争角逐，让他们表现出道德水平低下和品行不端，难以得到社会的认可和他人的帮助，这是一个几乎没有回头路的教养歧途。

还有一种是遭遇到重大危机后变得极为负面的家庭环境，父母变得胆小怯懦、消极灰暗，并且把这种负面的情绪传递给了孩子，使孩子内向、胆怯、自卑、沉默寡言、离群索居、敏感、不信任他人，宿命论的悲观色彩十分严重。

生活不易，哪里会有完全顺风顺水的生活呢？ 如果遇到挫折和打击，父母就丧失生活的希望和勇气，把因循守旧当作唯一的生存办法，并将这些精神品质毫无保留地灌输给孩子，那就完全误解了人生的意义。

父母应该希望自己的孩子超越自己，去享受更加丰富、多层次的幸福。

这样，孩子们未来的生活将更为幸福和轻松，他们会懂得生活的意义和幸福的含义，也必然懂得是因为他们站在了父母的肩膀上，才得以去迎接未来的晨曦和阳光。我们要让孩子拥有他们应有的未来。

孩子在心灵成长中要避免什么？

孩子的心灵从原生家庭中开始成长，带来的是自我心灵质量的增加，心灵的质量其实是心灵所含质的多少的问题。

孩子在三岁以前，心灵中的事件、因素、成形的结构都很少，孩子的心灵基本上是平面的，而不是立体的，没有太多互相影响的因素，此时孩子的心灵质量是比较小的。

随着孩子的成长，很多事件、因素、结构，以及情结、希望等心理因素会进入到孩子的心灵空间中，孩子的心灵包含的内容会越来越多，心灵的质量就会变大。

孩子必须学会容纳不断变大的心灵质量，在心灵空间里做好调和，并且按照一定的结构和顺序排列。此时孩子的心灵已经由平面

孩子的心灵从平面到立体，从单维到多维

变为立体，从单维变为多维了。

这个时候，一旦孩子心灵中的某一个部分受到了外部的影响，就会产生连锁反应。就像堆在台球桌上的台球一样，打击一个可以撞击到很多个。事实上，人的心灵反应就是这种连锁反应。

孩子小的时候基本上是直接跟父母提要求，但是孩子越大，心灵里的事情就越多，会在潜意识里吸收各种教训，总结各种经验。这会使孩子更加清楚哪些做法可能有效，而且孩子的猜想往往很准确。

比如，有一个孩子想看动画片，他知道妈妈不允许，于是就让爸爸跟他去书房，去了书房以后再说要看动画片，如果爸爸不答应，他就会大哭或者谈条件，要求看一集或看半小时。在这个过程中，孩子至少实施了避开母亲、寻找父亲、转换场景、哭闹要求、更换筹码五个策略，孩子的天分是多么的惊人！

　　孩子可以推测出家里谁说了算、谁对谁能起什么作用等。孩子观察和迅速总结的能力超过大人的想象。

　　孩子不惧怕新鲜事物。

　　很多成人害怕新事物，年龄越大越害怕，因为新事物会唤醒成人所有关于挫折的感受。

　　什么是心灵的质量？就是事件的累积、经验的总结，让自己避免受伤害。

　　随着自身的成长，孩子做事的方法会越来越多、越来越复杂，孩子能够非常清楚地观察到各种社会关系、父母的喜好和弱点等，孩子的策略能力是相当了得的。

　　我们看一个人的修养和内涵，就是看当他受到刺激的时候会产生什么样的反应，孩子也是一样。

　　不同的人面对批评、指责甚至是谩骂的反应截然不同，有的人可以不动声色地思考自己身上的问题、追求自身的完善，而有的人对于善意的提醒都会勃然大怒，这与原生家庭的教养方式息息相关。如果孩子从小缺少爱和肯定，就会缺乏自信，只能接受他人的肯定和赞扬，而不敢面对批评，这样的孩子未来是难以融入社会的。

　　有一个男孩，他的母亲非常强势。他小时候，有一次不小心把花盆弄翻，他母亲立刻就把所有花盆都扔了，还狠狠教训了他一顿。他的童年充满了惊吓，使他好几次甚至失去了活下去的欲望。他工作以后就赶紧逃离了母亲，七年都没有主动联系过家人，直到家里有人去世……

如果孩子面对世界时产生的一系列心理反应是厌恶和仇视等，那么就说明父母在可以管控孩子的心理输入内容、环境和方式的时候，带给了孩子太多负面的内容和影响，这是我们作为父母要极力避免的事情。

未来的学习方式

很多父母都最为关心孩子的学习，担心孩子未来考不上理想的学校，没有好的前途。那孩子应该用什么样的学习方式才能适应未来呢？

其实，任何学习都存在两种方式。

一种是模仿式学习。

模仿式学习轻松、入门快、学得快，通过做大量的习题就会进步神速，很多人都是这样学过来的。但只用这种方式是不够的，还需要另外一种学习方式，我称之为心灵式学习。

识字、造句等都属于模仿式学习，但是要想写出有思想和灵魂的文章，靠模仿式学习是行不通的。

模仿式学习是模仿已知的例子去做未来的事情，只是把未来的东西用已知重复了一遍而已，没有开发出新的东西。

心灵式学习则不同，虽然也会使用过去的知识，但主要是用心灵里的所有知识去探索、研究和重新定义，会重设场景、与自己的已知辩论，质疑已知，甚至打破已知。未来的东西可能与已知的东西没有什么必然联系，需要动用心灵的所有力量，自主去创造和破解，这种方式就是心灵式学习。

如果是模仿式学习，一个班里的人写出来的文章可能都差不多，但是通过心灵式学习，则可以写出各种风格，得出不同的结论。而要达到这种程度，首先要把过去几年内的所有最新研究都弄明白，知道前人的理论和观点，可以引用但不能抄袭。这种研究一定要是自己的发现、创设、探索，是自己的路和路标，是自己心灵空间里的内容。

这种研究不但要用到过去的所有知识和成果，还要用自己的心灵去发现未来的事实，因为唯一不能改的就是事实，其他的都可以突破，这就是心灵的勇敢。

如何才能拥有心灵的勇敢？

当我揭示出勇敢的意义后，大家可以衡量一下自己是否勇敢。

在人生的任何一个阶段，所面临的情境都有确定的部分和不确定的部分。当人在面对不确定状况时，所动用的脑力是极大的，当思维清晰以后，信息量就会变得很小，会感到事情相对容易了。

当人面临人生中的任何一个情境时，所面临的不确定性之大往往超过人们的想象。

很多人只是在反复地看、研读自己确定的部分，很少有人去直面那些巨大的不确定，因为不确定会给人带来恐惧感。

很多人都在谈论自己已知的事情，当一个人把目光从自己的过去投向未来的时候，如果不借助过去的东西，那么面临的东西会使人觉得没有依靠。

没有人知道自己对未来有多大的准备度。

当一个人不知道自己对未来的准备度有多大时，还依然敢于去面对并承担未来前行中相应的责任，就是心灵勇敢。

勇敢不是鲁莽，鲁莽是错判或低估了心灵的未知部分，需要承受误判的后果。鲁莽是一种勇敢的初期表现，是一种情绪性的表现，但是并不被认可。勇敢和自信都是心灵级的，是心灵的勇敢和心灵的自信。

我为什么要和大家谈心灵的勇敢？因为心灵的勇敢是可以被培

养出来的。

其实，每一个人在学习中都糅合了模仿式学习和心灵式学习，只是比例不同。

然而，我看到很多人即使是在学习文科这类非常主观的学科时也只是在用模仿式学习（模仿式学习和机械式学习不同，模仿式学习是有一个大的参照物，把自己放入其中束缚自己），其实大多数学科都需要大量运用主观创造性。

比如，管理学是解决问题的艺术，人们看待问题的角度、思考深度、判别程度都不同，所以解决问题的能力差别很大。当我们在学习、生活和工作中历练多年后，就会发现大多数的问题和情况都是需要用心灵式学习来解决的。

一些公司在面试时为什么会谈一个面试者不熟悉的话题呢？

其实，面试官是要看面试者在未知的领域中，在只有很少线索的时候，是否能自主地架设起自己的方法论，是否能敢于探索、铺设自己的观点路径，是否能勇敢地借鉴过去但又撇开过去的相关信息和知识，是否能敢于重新创设概念，是否能敢于用自由的心灵去表达自己的知道和不知道，是否能以忠于事实的态度去发现和陈述，是否有真正符合事实的研究精神。因为公司面临的每个情境都是未知的、不重复的。

研究精神就是永远不能改变事实，而心灵的勇敢要能体现出心灵极高的品质，面试官就是要看面试者是否能将这两者完美地结合。

因此，当面试官看到面试者过去的好成绩时，要再次论证这个成绩是从何而来。

模仿式学习得来的知识对于未知的世界没太大用处，甚至都算不上是工具。

就像我们都学过数学，但是大多数人都不能用数学去探索未来的世界，大家当时的学习只是套情境、套定义、套题。

我记得当我开始学习模糊数学和博弈论的时候，才慢慢知道数学离生活是如此之近，才明白数学真实的意义，比如运筹学是用于在未知世界解决问题的，而之前那么多高深的数学知识都被我当成了模仿的工具来进行模仿式学习，根本没有走进我的心灵。

当涉及与自己不相关或者相关不多的领域时，面试者的心灵是否敢于架设自己的方法论，是否敢于探讨、质疑、发问，面试官能看得一清二楚。

如果一个人勇敢地向前走，说明心灵的勇气是存在的；能够勇敢谈论，而不会用过去已知的东西来反复遮挡自己心灵的怯懦和畏惧。

如果拥有心灵的勇敢，那么在以后的人生中就会敢于去探索未知的东西，心灵勇敢就会被别人感知到。

当一个人能够用自己过去学习、生活的方法去探索未知，能够架设起自己的方法论去质疑和发现事实，并且展示出在生活中就是用这些方法来取得成绩的，就会体现出另外一个重要的品质——自信。

自信有一个非常重要的含义，就是自己做的才会非常相信。

自信就是在取得成绩时是用心灵式的学习方法而不是依靠简单的模仿式学习。

在面试的时候，如果敢于用这些方法论和概念去质疑和发现新的问题和事实，并且体现出过去一直是这样做的，言语中表现出不畏惧陌生、未知和不确定性，那么这个人的自信就会显露出来，也会令人信服和认可。

如果在原生家庭的教育中过多地强调模仿式学习，那么这个孩子将会失去心灵的勇敢，也不会有真正的心灵的自信。

如果一切都是靠记忆、模仿的训练取得的，那么孩子自己的心灵空间又在哪里呢？

如果没有自己的感受、方法论，不靠自己发现事实，那么孩子的自信就来源于记住别人的东西吗？来源于会背诵诗歌、定理吗？

现在大家对教育的评价已经更加清晰和理性了，学历对找工作的影响可能在短期内比较大，但是对人一生的影响是非常有限的。用高考成绩来决定一生的可能性几乎为零，尤其是科研人员，更被看重的是实际解决问题和研究的能力。

如果父母分不清这两种对孩子影响巨大的学习方式的话，那么孩子就很难获取自信、勇敢和幸福，而它们正是一个孩子是否具有心灵能力和心灵能量的表现。

由此可见，启蒙的含义是非常特殊的，启蒙是要让孩子自己觉醒，用心灵式的学习方式进行学习和探索，只有自己发现的事实才最有意思、记得最牢固，才能让自己走得最远。

第 5 章

如何为孩子定义幸福和快乐？

父母都希望孩子能够幸福和快乐，但是什么样的幸福才是孩子的幸福，什么样的快乐才是孩子的快乐呢？孩子是如何知道自己想要什么样的幸福和快乐的呢？孩子又是如何感受到幸福和快乐的呢？其实，这是父母与孩子在原生家庭中共同定义的。

幸福是定义出来的

我们都希望孩子幸福，但什么是幸福？你知道别人的幸福是什么吗？

我们不知道别人的幸福是什么，但是每个人都有着自己的幸福。我们不能体会别人的幸福，甚至有时候会不理解别人的幸福，一些别人认为显而易见的幸福我们也许并不认同。

因此，很难给幸福下一个数学定义。所谓数学定义就是幸福大约由哪几个因素构成、其各自的权重是多少、因素间的相互关系如何、在何种条件下如何影响幸福及幸福体验感……人们对于幸福的认知是没有公认的定义的，不同的个体、家庭、社会对于幸福信奉的等式是不一样的，所谓幸福的等式也就是幸福等于什么。

有些人认为幸福等于有钱，有些人认为幸福等于有权，有些人认为幸福等于身体健康……

通过研究，我们可以看到，幼儿、青少年对幸福的认知意识是有的，但是认知的内容与成人截然不同。孩子在学生阶段通常认为幸福是与要取得的成就高相关的，其幸福认知是成就导向型的，包括以后从事理想的职业、成为各行各业的领军人物、成为令人羡慕的人、成为了不起的人等，孩子认为这样就会被别人判断为很幸福，这是孩子对幸福认知的主体内容。

年轻人对幸福的认知通常是荣耀、与众不同等，这些特征比较明显，彰显出强烈的上进心，也是驱动年轻人前进的力量。上进心是衡量一个人是否年轻的隐性的指标，不同学历、地域、行业的年轻人都具有这个比较清晰的主体特征，他们能够深刻体会内心深处的驱动带来的进步，自我定义、感受、体验着这个年龄阶段的幸福。外在的东西虽然能够带给其一定的幸福感，但是并不深刻，真正的幸福感来源于自己培养、取得、体验、品味、确认的内心深层次的幸福认识。

幸福的体验是通过自己的努力产生的变化和增量带来的，当体会到与过去相比自己的好的变化，人就会感觉到幸福。比如，高中生在拿到重点大学录取通知书时的体验就非常复杂，他们知道自己的人生将会发生重大的变化，意识到自己将接受系统的、好的高等教育，成为国家知识人才中的一员，与之伴随的是自己主体身份的确认，会出现很强的自立意识，这些都是综合幸福感的组成部分。

人对于幸福的认知是伴随幸福体验生长的，父母与孩子对幸福的认知不同。比如孩子上了重点小学，父母从这个事件中得到的幸福感是非常庞杂的，但是孩子的幸福感是比较简单的。孩子从自己的感觉和他人的反应中会出现认知猜想，比如自己将会碰到好老师、上进的同学，会学到很多知识成为一个好学生，也会从他人的羡慕中感受到快乐，并得到某些积极的暗示，从而开始了上好学校这一幸福概念认知意识的生长。当孩子上了好初中后，对于幸福的体验感会更加明显，因为上好初中大概率意味着可以上好高中，此时孩子对幸福的认知内容又发生了变化，其幸福感也会比上好小学时深刻得多。当上了重点高中后，孩子会觉得自己离好大学很近了，这种确定性的增强会让他们更加拼搏和勤奋，这是一种几乎所有人都比较认同的深层次的幸福感。

人对于幸福的概念认识是由简到繁，由单一层次到复合层次，由单维度到多维度，从家庭到学校，从生活到就业，各个方面一点点综合起来的，这就是幸福概念的生长过程。

幸福感比成就感更加抽象，成就感是有指标可以参考的，但是幸福感无法用指标衡量。幸福感贯穿人的一生，对人的认知要求、感性的体验要求都非常高，认知和体验是紧密相连的综合体，会产生新的心理物质。比如，对于没有孩子的成人而言，他们对于孩子这个概念的认知是比较简单的，但是父母对于孩子的认知是非常庞大的，其中夹杂着各种情感、情绪的体验，父母在各种各样的事件中的认知与体验互相缠绕，不断生成对孩子的新的认知。

幸福的体验感建立在对幸福的认知上，认知一般是先于体验的，人先知道了"幸福"这个词，但是去体验幸福可能是一个漫长的过程。只有当幸福认知和幸福体验相匹配时，人的幸福感才会比较强。

幸福不等于幸福感。幸福感是自己对幸福的感受，也许你的条件很好，但是你的幸福感未必强烈。比如你有房有车、父母俱全、自己没病没灾、生活宽裕优渥，但是你自己体验不到幸福感，这些并不属于你对幸福的认知。

但是，对幸福的认知并不只是个人问题，而是公众意识在个人身上的体现，其中包含着社会对幸福的主流认知。家庭是社会的缩影，所以家庭定义的幸福也是包含社会认知的。

有一位男士大学毕业后不去工作，在家啃老，后来结婚了也是一样，每天在家里打游戏，妻子去上班赚钱养家。妻子对此经常抱怨，但是这位男士觉得自己很幸福。这种人是没有家庭幸福感的，因为家庭幸福感不是个人的，而是家庭所有成员都能感受到的。条件不好但是幸福感很强与条件很好但是幸福感很差的人，都体现出心理认知与感受存在巨大的差异。

幸福感不是一时的感觉或情绪体验，而是比较稳定、长期的综合性体验感受，我研究的是幸福的情感感受而非幸福的情绪感受。情绪是鲜明而短暂的，情感则是稳定而持久的。幸福感是一种长期稳定的情感感受，需要长期稳定的物质基础做支撑，脱离社会、家庭、无任何物质和社会基础的情感感受，只能让幸福感成为空谈。因此，幸福的定义可以转化为幸福条件状态，也就是幸福的客观条件，一切幸福感都是对幸福客观条件的综合心理感受，是长期稳定的对幸福的情感感受。

当人逐步社会化到一定程度之后，会开始思考自己经历的各种事件，美好的、艰难的……内心会开始进行各种比较、品味和体会，即综合的体验。人的综合体验是非常复杂的，就像藤上的葡萄串，有花朵、果实，也有蚂蚁和胡蜂。当人的社会化程度逐渐深入，人变得成熟以后，对幸福认知的导向就不再是比较单一的获取成就了。

每个人的幸福概念生长的路径不同、速度不同，到达的顶峰也不同，即使是同龄人，对幸福的认知概念差别也很大。因此，每个人都有自己定义的幸福，幸福感来源于自己的体验。比如读书可以使人体味到不同的人生和时代，遵循前辈、历经坎坷的成功人士和大师的脚步，摄入巨大的信息量，在心灵上品味、体验、摄取，在幸福感的体验上会有迅速的增长。

人在读完人物传记、历史书籍，甚至看过电影后都会发生幸福认知概念的变化，比如我们看完电影《中国机长》《流浪地球》后都会感觉震撼，因为触碰到了我们心中几个非常关键的认知概念，我们会觉得自己没有随时面临危险的事、没有生活在那种地球要毁灭的环境里真好，还是现在的生活幸福；比如我们看到尼克·胡哲的故事，会觉得自己有手有脚真幸福。只有影响到了人对幸福的认知水平，幸福的概念生长了，人才会觉得内心受到震撼，在心灵里生成新的对幸福的认知。

人生的几个关键的认知概念，如幸福、快乐、痛苦、失败、成功、困境等，就是在不断地经历着事件，在主题概念的碰撞、冲突、教训中反复地叠加，使认知概念不断地裂变生长，然后新概念会和体验相组合。

一个人在经历事件、经历逆境的过程中，在充分社会化的过程中，对于幸福的认知水平是会改变的，与未成年、未独立、有父母扶持时是不一样的。年轻人会经历很多冲突事件，会感到焦虑、挫折、失败、无能为力，这些事件会碰触他们的心灵，使他们重新思考对幸福的认知，重新体验幸福感。

当幸福的概念生长经历过这些体验而发生裂变后，将不再是以成就为导向的幸福了，人会逐渐将社会的幸福内容慢慢确立为自己家庭的幸福定义，形成家庭的幸福感。

幸福所涉及的认知分为社会级、家庭级和个人级，社会级的幸福一般是无病无灾、国泰民安；家庭级的幸福一般是阖家欢乐、万事如意；个人级的幸福在未成年阶段一般是事业有成。当社会化程度越高、经历的冲突越多之后，个人对幸福的认知会发生变化，个体差异也会变大，通常会逐步地偏离单纯的成就导向，发展成为多目标导向型，比如成就占比下降而健康占比上升。随着年龄阶段的变化，多目标的成分和比例都会发生变化。类似的，幸福的体验也分为社会级、家庭级和个人级。

幸福对于个人而言是一个认知成长的过程，从简单到复杂，不断地裂变成长，其中冲突、挫折、失败等经历和体验对幸福概念的形成起着至关重要的作用，因为我们会援引自己的人生经历，会根据所见所闻、自我体会来进行判断，越是那些不好的、不顺心的事情，越能揭露概念的深层次含义。

就像失去过才知道珍惜一样，体会过不幸和无能为力的人更加能够体会幸福，会明白自己是何等的幸运。

定义让孩子心灵信服的幸福

人的幸福是自我心灵感受定义的，每个孩子都有着自己对幸福的认知和自我幸福感的体验，只是这些认知和体验都不尽相同。

每个家庭心灵契约的幸福定义方式都不一样，因为每个家庭成员对幸福的事件和种类的认知不一样。

如果父母情绪控制得好、能够为孩子树立好榜样，就更加容易和孩子一起定义幸福的内容和种类，也更容易使孩子从心灵上信服和认可，从心灵深处确认这种幸福的心灵契约，从而拥有美好的前途和人生。

真正的健康是心灵的健康，真正的快乐是心灵的快乐，而心灵快乐最重要的影响因素就是家庭。

很多父母认为对孩子的爱就是替孩子多做一些、多管理一些、多防范一些。其实这里有一个重要的心理假设，就是父母没有从与孩子共同定义幸福的角度出发，而是从自己的角度出发认为孩子永远都是孩子。

这类父母认为，孩子的一切他们都看在眼里。他们认为孩子成长的经验、发展的经验、未来获取能量的经验都是不足的，而他们自己的经验更足，于是替孩子做了很多事情，认为这样会有助于孩子日后成长而不受伤。这是这类父母的潜意识的假设。

父母通过这种假设来施展自己认为的爱的定理，而不是以孩子的幸福为前提假设，全家人一起去定义孩子真正快乐的一生、独特的一生、获取能量的一生。

孩子对自我发展没有战略和方向，不能持之以恒地规划自己的行为，也不能积聚一切力量朝着社会的需要去发展。确实，孩子是需要父母来帮助自己发展的，但是父母往往忽略了更重要的、内嵌在家庭内的功课——如何理解人生的幸福。

我们通常都是在成年以后才开始作为独立的个体去思考生活的长远意义，比如什么是人生目标、什么是快乐、什么是幸福……

孩子年幼时父母很少谈及对幸福的认知，只是在隐性地定义着家庭的幸福，并未形成显性的家庭教育内容。如果父母能够早些显性地让孩子理解幸福的含义，孩子的人生可能会有很大的不同，孩子就会把幸福看得更加清楚一些。

父母可以给孩子讲故事，从中讨论幸福的意义。比如漫画家蔡志忠在日本租住的一间小屋内创作出三十多本漫画；刘秀祥千里背母上大学，毕业后放弃优厚待遇回到贵州大山当一名普通的教师；袁隆平院士九十多岁还在研究水稻……这些人之所以能够长久地坚持，是因为他们都体会到了做这些事时内心的快乐和幸福。父母可以与孩子一起讨论他人的幸福，从而启发孩子思考自己认可的幸福。

中国的经济、文化已经发展到了一定的高度，父母对于孩子心灵层级的教育也应该大幅提高，不能再简单地停留在温饱阶段了。

孩子在幼儿和青少年阶段，都是在用心灵探索世界、获取心灵感受，而不是完全无目的地乱玩。

人的感受也罢，心灵成长也罢，都是自己的东西，谁都替代不了。

你可以替一个人去获取财富，但是他只能自己获取心灵的感受、能量、自信以及勇敢。

对于孩子的成长而言，心灵的能量是最为重要的。如果父母在潜意识里一直认为孩子弱小，总是替孩子做过多的安排，那就扼杀了孩子心灵空间成长的各种机会。

因此，父母一定要让孩子长时间地参与全家人共同定义的幸福，去打造自己家和别人家不一样的、与社会地位和钱财无关的幸福。比如，父母给孩子讲自己克服困难的经历和一些榜样的故事，引导孩子回忆战胜困难的经历，一起重温和讨论从中体验到的感情。

如果父母不能从这个角度去扩展原生家庭的空间，就会在心灵上将孩子看成弱小的人而不是要发展的人，这是一个错误的逻辑。

父母应该做的事是要把幸福作为助长剂去扩展原生家庭的空间，催化孩子的心灵空间，帮助孩子从心灵弱小成长为心灵强大，让孩子拥有心灵中谁都替代不了的感受，对勇气、自信、幸福的感受等。比如，屠呦呦先生的幸福就是治病救人，研究药物，沉浸在实验室里勇敢地面对各种失败，信念坚定地进行尝试。

幸福感不是永恒的，但点点滴滴的幸福感会散落在我们漫漫的人生长河中，点缀着我们人生的历程。

我们要释放爱，培养孩子、启蒙孩子，让孩子获取更大的心灵能量和成长的能力，让孩子拥有真正的自信、勇敢、正直、幸福，这些才是有意义的原生家庭的教育。

父母要与孩子一起定义和制造幸福，使家庭空间充满这种前提、假设和追寻目标，从而真正地影响孩子的心灵空间。孩子心灵空间的扩大、心灵能量的增长所带来的正面感受是别的东西所不能替代的。

而这一切只需要父母不再只觉得孩子弱小，要把隐藏在家庭里的、不好意思说出来的对幸福的追寻显性化，让整个家庭一起来追寻。当父母调整了帮助孩子成长的方式时，就能够使孩子获得更大的心灵能量的成长能力。

父母不要等到孩子成年很久以后才对孩子进行有关追求幸福的教育，而应该更加积极、中肯地在孩子早期的发展阶段做适当的、适量的追求人生幸福的教育。如此，孩子才会知道要更加均衡地努力发展，会多拿出一些时间来锻炼身体，会更加珍惜人生，对幸福的理解会更为深入，会渴望和追寻更多散落在人生长河中的幸福星辰。

贫穷不怕，不要白穷一场

对穷和富的感知是谁传递给孩子的？

也许孩子自己能体会一部分，也许兄弟姐妹会传递一部分，但最主要的传递人是父母。

其实，贫穷的家庭不一定会导致孩子心穷，很多不富裕的家庭竭尽全力让孩子受教育，尽心保护孩子，家里再难也不让孩子觉得难，没有放大贫穷。

　　有一个家庭，父亲生了重病无法下床，母亲靠每天起早贪黑地去市场卖鱼维持生计，回家还要照顾父亲。但是母亲从来没有抱怨过，带着孩子照顾父亲，让孩子感受到家庭的温暖和家人之间的不可分离。孩子很懂事，学习成绩也很好，对父母特别孝顺。这样的家庭虽然物质贫穷，但是精神世界非常富有，能够不断地给孩子注入心灵能量，让孩子觉得再大的困难也都是暂时的。

　　但是，也有一些父母比较自私，觉得自己赚的钱都用在家庭上，很不甘心。这样的父母就很可能让孩子心穷，因为孩子的心穷往往是父母心穷的传递。

　　如果一个人沉迷于累积财富，把这个过程看得很伟大，那么就根本没有看透钱，也不明白钱真实的意义。

　　投资大亨查理·芒格就是穷人家的孩子，他很精明，但并不看重钱，他的心灵也不穷困，一直都在不停地读书和探索，用自我发现不断滋养和充盈着自己的心灵空间。

　　贫穷不要紧，但是父母不要将贫穷放大，这会加速导致孩子的心穷。如果父母知道穷的原因，拥有穷的智慧，让孩子获得更广的视野和见识，那么父母就没白穷一场。

　　在贫穷家庭成长的孩子，如果父母没有心穷，其实孩子与一般家庭，以及没有被放大物质追求的富裕家庭的孩子都差不多，孩子的心灵几乎感受不到贫穷的负面效应，孩子会觉得世界是比较公平的。

贫穷家庭的父母有时会衍生出一些智慧，这是一种财富委婉的智慧，也是一种超越了财富的实际智慧。

一些家庭虽然物质条件不好，但是父母心灵手巧，能变着法儿地满足孩子的各种要求。父母的关爱能够使孩子产生心灵的激情，父母是不可替代的重要角色。

我小的时候，邻居家里有三个孩子，母亲因病去世了，父亲一个人拉扯着三兄妹。为了省钱，他学会了给孩子织毛衣、做玩具，细致地陪伴、关爱孩子。这位父亲对生活很乐观，三个孩子也都成长得很好，心灵很健康，孩子从父亲的行为中感悟出很多生活中伟大的道理。

其实，父母只是社会中的普通一员，贫穷也不都是他们的个人原因造成的。父母将贫穷简单化、平淡化是一种智慧，孩子会心灵健康地成长，不会偏激、心穷。

无论贫穷还是富有，在对待财富的观念上，孩子都可以被教育、引导得很好。一些父母能够利用孩子对财富故事、财富奇迹的敏感来正面教育孩子，让孩子较早地、系统地、全面地在生活中体会财富的重要性和真正的意义，从而激发孩子去思考自己的梦想以及对社会的价值。

很多梦想是被生活挤压出来的，不存在没有现实缘由的未来理想，因为理想是现实的镜子，是经由现实逃避抑或是解决的，理想是有现实基础的。

贫穷家庭的父母如果心不穷，引导好孩子的话，那么孩子在现实中受到挫折后产生的梦想就会是在将来拥有更有能力的解决办法，高于财富的解决方法。

比如，钻研科技报效祖国，从事公益事业造福社会，创建一流企业参与世界竞争等，这些梦想会逐渐清晰，并不断重塑、调整、验证，与生活息息相关。

无论贫穷还是富有，其实孩子小的时候只能感受到原生家庭亲子互动空间中父母传递给自己的信号，因此，我们要把正确而美好的价值观毫无保留地传递给孩子，帮助孩子塑造有意义的梦想，追寻自我的真正价值。

给孩子慢生活还是快生活？

原生家庭不仅定义了自己的幸福，还定义了自己的时间。

很多人都希望过慢生活，都喜欢慢生活，但是，什么是慢生活？

不是睡得早点，起得晚点，这些只是表面现象。快生活和慢生活都是自己的感受，比如上班的人每天有很多事情需要处理，感觉一天过得非常快，而退休的人往往没有需要处理的紧急事件，生活得很悠闲，感觉一天过得比较慢。

为什么有快生活？因为人在催促自己做很多事情。

父母为什么催自己？很大的因素是孩子，**孩子是父母的有形动力。**

学生为什么不太催自己？因为除了学业外几乎没有其他事情需要处理，真正的生活还没有到来，他们还年轻，觉得有的是时间，充满希望。

大家是从什么时候开始催自己的？

是从角色转变开始的？

是从年龄增长开始的？

……

真正开始催自己是因为焦虑。

人是从什么时候开始焦虑的？当前进遇到了很大阻力时，比如找工作、换工作非常不顺利等，人在前进不了的时候会开始焦虑，现实带来的挫折让人开始全面地领悟和反思人生。

对父母来说，一般是孩子越大，父母越焦虑。因为孩子的前进速度比父母快，父母感觉孩子在推着自己前进，孩子的吃穿用度都需要钱、孩子的成长需要父母的智慧陪伴……

焦虑是迈入快生活的第一步，焦虑就像心理加速器，不焦虑时，人会觉得一天过得很慢。

有人一天只睡四小时还觉得时间过得太快，也有人一天睡十二个小时却觉得时间过得很慢。因为客观时间和心理时间是不一样的。

快生活、慢生活是因为心理时间不同造成的，不同的人感觉时间的快慢不一样。

每个家庭的父母不一样、心理时间不一样、安排的事物也不同。

父母对孩子的影响非常大。父母差一点，孩子差三点，为什么？

因为孩子总是在模仿和琢磨父母。

父母懒惰、缺乏进取心和反省能力，而且经常创设减分项，比如为一些鸡毛蒜皮的事情吵架，那么孩子就会记住父母吵架的情境，而且会认为不奋斗也挺好。

判断原生家庭的事物质量，要看其是否对人的心灵有魔力感和启发感，是否具有富有影响力的教育意义。

从时间上看长度不一样，从空间上看事情的性质不一样，父母在原生家庭空间中展示和安排给孩子的事情对孩子的成长十分重要。如果一个孩子被琐事占满了心灵空间，那么以后吸引他的东西就是那些琐事。

每个家庭都有秩序的缔造者，每个家庭里孩子心灵中事情的优先顺序和秩序都是由父母缔造的。

父母的暗示是孩子解读人生密码的重要依据和线索。父母要在给孩子安排事情的顺序中体现出正确的价值观。

追求速度快是父母一种重要的心理状态，表现为急、焦虑、对未来不可知的恐惧，其潜意识的逻辑是给孩子多准备一些，用来对冲未来的不确定性。

但是这样对吗？父母的盲目就像在没有方向的情况下让弓箭手射兔子，弓箭手就算射出一千支箭也未必能射中；但是如果有方向、有目的，弓箭手也许只需要射出一支箭就能射中。

孩子一旦被父母拉入快生活的节奏，就会只想着自己焦虑的事。

快生活还会压缩父母和孩子的亲子时间，让孩子跟着父母"跑"，而不是跟父母平和地待在一起。原生家庭最基础的空间时而有，时而没有，导致原生家庭的有效空间、亲子互动空间变得极小。

另外，快生活使孩子无法知道家庭和社会是由什么组成的，会忽略很多重要的生活细节和基本要素，而这些才是孩子以后幸福的源泉。

快生活会让孩子长大以后觉得这辈子都在各种事情里忙活，没什么可回味的。父母忽略、损伤了孩子未来人生最重要的幸福基础。

孩子幼时的这段原生家庭生活如果过得太快、太敷衍，孩子从小记住的就都是大人的事，天然的幸福感不强。

快生活还会阻碍未来有效秩序的出现。

当然，现代社会不太可能有几十年前那样的慢生活，但是必然有符合这个时代特征的有价值、有秩序的慢生活。

什么是有意义的慢生活？

就是要让孩子全面体味人生的重要因素、环节，很多事情不能一带而过。

什么是人生的重要因素和环节？

感恩、乐观、勇敢、坚韧；学业、工作、恋爱、婚姻、家庭、事业；为人子女、为人父母……

如果父母不能让孩子体会到以上这些，那么就是无效的慢生活。有效的慢生活，也许是你家的心理时间会比别人家过得快一些，但是在孩子可承受的范围内，能完整地体会到生活的重要元素和环节。

慢生活是孩子幸福的起始点，是孩子心灵逐步成长、逐步理解和接触社会的必要起点，它会潜移默化地影响孩子心灵的自然展开，影响心灵所积聚的原始能量。

初始的能量积累是很缓慢的，孩子本身的心灵很脆弱，慢生活能够带给孩子这样一个时间阶段，让孩子在其间可以完成必备的各种心灵能量的积聚和习得各种基础技能。

孩子在慢生活中不受到伤害，在慢生活中长成的雏形对于未来才具有真正深刻的意义。

如果孩子慢生活的时空被大幅压缩，孩子就不能真正打开内心去逐步体会和理解整个世界，从而产生很多偏颇的认知、烦躁的情绪等，对于孩子的未来发展是非常糟糕的。

如果一个孩子的时间被各种课外班填满，那这种不断加快孩子生活节奏的做法极易使孩子的压力陡然增大，造成孩子心理上的扭曲变形。

父母只有在慢生活中培养孩子的智慧能量和心灵免疫力，提高孩子自主兴趣类的智慧发展，综合提高心灵的力量和幸福感，才能使孩子获得长久的幸福成长。

父母为什么总是催、催、催?

有一类父母是因为焦虑，焦虑还算是父母有自我反省的意识，说明父母还算是负责任的。还有一类父母是模仿，看别人做什么就照着做，其实是在攀比、怕落后。

我认识一位母亲，给女儿报了很多课外班，学习书法、舞蹈、田径、数学、英语、写作、马术、小提琴，从周一到周日，没有一天休息，似乎只要女儿在上课，她的内心就放松了。有次这个女孩告诉我，她只是按照要求上课罢了，除了喜欢老师的夸奖外，她对于这些学习内容没有什么感觉。这个孩子活在母亲的不当安排和他人的夸奖中，没有发现过自己的心灵理想国，一旦撤掉了外部因素，自己心灵的力量根本不足以支撑她持续地前进、突破自己。

焦虑会带来自主意识的分析，但是由模仿带来的攀比是没法带来有自主意识的分析的。

有的父母看别人给孩子报班就跟着做，但是并不明白报这些班的真正目的，只是盲目地让孩子学习了一些技能。

还有一类父母是出于对自我内心的补偿，对自己的过去和现在不满意，潜意识里对自己有着变相的惩罚，要在孩子身上弥补自己过去受教育不多的遗憾。这种父母还不如模仿型的父母，因为一旦孩子做得不好，他们就会惩罚孩子，其实只是在发泄自己的不满。

父母到底是出于为孩子好还是出于对自己内心的追溯补偿？这个基本问题要想明白。

一个人如何判断自己在少年时过的是快生活还是慢生活？

你体会到完整的生活元素了吗？有效的慢生活是能体会到不缺失的生活基本要素和环节的，这对一个人未来的幸福、自信、事业等都有巨大的帮助。

孩子练书法到底意味着什么？是为了成为书法家吗？是为了追求内心的秩序和平静？是为了感悟做人的道理？还是为了追寻书法大家的气魄与品德？父母只有引导孩子细细地品味，孩子才能慢慢地理解万事万物与自己的联系，才能将外在的事物逐渐变成自己内心的成长动力。

每个时代、每个家庭的心灵秩序都不一样，慢生活也就不一样。一些父母在自己小时候自由支配的时间过多，不愿意让孩子去重复，因为过于松弛和缓慢的生活对未来是没有意义的。

我们要用未来的眼光看待慢生活，慢生活带来的益处不是在今天，而是在未来。

慢生活不是闲散的生活，大家可以对照着看看自己的生活是什么样的。

焦虑的父母最大的欠缺就是没有用未来的眼光和格局来指导自己培养孩子，只是潜意识里认为拼命多学技能才能够对冲未来的风险和不确定性，这是盲目的，没有对家庭、婚姻、自己以前的原生家庭做认真的反思，没有从中去发现那些事实。

父母把孩子推得这么厉害，推到有效的慢生活里了吗？还是推到了疲惫不堪的快生活里？

用心法破除孩子的发展瓶颈

我们总是喜欢给别人讲道理，包括对孩子也是，但是往往效果欠佳，为什么？在此以外卖小哥的例子进行说明。

外卖小哥赚钱不易，业务量大，接触的人多，往往时间又紧，难免与人产生冲突。他们经常收到投诉，比如时间延误、食品状态不好、语言冲撞等，需要他们解释和应对。在外卖这个行业中涉及大量的事理，而没办法讲心法。只有长时间面对单个客户的时候，人才有可能讲心法。

心法是事物在心灵空间中的真实意义，是心灵的法则，是个人认知的道理、秩序、顺序等。一件事情、一个故事、一个情境当中不仅有比较显而易见的道理，还存在很多特定因素的道理，后者往往内容更为丰富，需要我们用心灵去感受和体验。

比如，班里有位孩子总是捣乱，上课爱说话、不守纪律，下课爱挑事、招惹别人。这位孩子的做法明显是不对的，认真听讲、遵守纪律，这些是显而易见的道理。但如果用心去感受，就能发觉这位孩子也许是被过度溺爱而不愿意遵守规则，也许是被过度管制而在家庭之外放纵等。

因此，当我们能用心去看的时候，会发现更多的道理、原因、顺序等关键因素，能够更加理解当下的情境，从而更好地解决问题。

对于个人的成长而言，看懂了道理就能看懂人生吗？看不懂，而且也看不懂为何事情的道理会经常变化。人通常是在道理发生变化后才开始警觉的，因此一定是道理背后的心灵法则出现问题了。

比如，一家公司明明已经负债累累，为何还要继续增加借款？这用表面上的道理是解释不通的，我们需要用心法去探索创始人的性格、过往经历、高管的风格、公司的特点和潜在的机会等。当用心法去看事情的时候，就会发现事物的多面性，找到更好的解决办法。

父母通常都会教给孩子事理，比如为人处世、待人接物的道理，但是否去探寻过更为深入的心灵空间的变化呢？

心法不是道理附带的情绪，比如同情、可怜等。

大家在街上看到流浪汉都会感到同情，但是没什么人去探究这个人为何会变成这样。人们出于同情而施舍的钱是不可能真正帮助流浪汉改变自己、脱离困境的，同情只是道理的附带情绪。

不懂心法会成为一个人的发展瓶颈。

有些人专业知识学得好，但是停留在了事情的表面道理上，一碰到复杂、跨界的问题就不能理解和处理了。

有些人不相信任何人，他们无法走入别人的心灵空间，无法真正地了解人性。他们懂事理，但是事理一旦和预期不一致，原来依靠事理建立的心法就会崩塌，他们会放大小事、个例或者暂时现象，不相信任何人，因为他们的心法没有在原生家庭中建立起来，都是靠自己后天的事理法则推导出来的。

只靠事理判断是既看不懂人，也看不透事情的，会错把坏人当好人、把好人当坏人。

有些父母经常在家里讲别人的不是，这样做会毁了孩子。父母讲的是事件，但孩子却因此建立起了错误的心法，觉得别人都不好、不对、不如自己，会封闭自己，拒绝别人善意的提醒和批评，从而严重影响自身的成长。

事件是教材。

父母谈论的事情，孩子其实都能听懂，连心灵的声音都听得懂，只是父母认为孩子听不懂。

一些父母认为孩子听不懂，于是用简单的语言解释，刻意地避免给孩子讲心法，这是很大的认识误区，因为简单的语言只能解释表面的事理，心法还没讲呢。

比如很多父母在听到小孩说有喜欢的人、要跟谁结婚时，都如临大敌。其实孩子正在模拟成人世界，这种过家家的游戏可以使孩子提高想象力、发展情感、完善情绪控制，孩子在游戏中对事情的认识和心灵的感受逐渐丰满，也能使自己的思想逐渐成熟。

孩子在扮演角色时，对角色的把握都很到位，模仿得惟妙惟肖，把很多人物特征都鲜明地表现出来，这类扮演游戏是儿童心灵成长的重要工具。

游戏中最简单的是制定规则，孩子很少遗漏游戏环节，在此过程中增强了记忆力，在情境模仿中将情绪表现得淋漓尽致。

事理表面的法则孩子很快就学会并记住了，但是事理中透露出的心法需要父母点拨才能让孩子领悟。

比如，孩子玩医生和病人的游戏，诊治过程中医生和病人的关系，医者仁心的初衷，患者内心的痛苦，家人之间的温情等都超越了简单的事理，应该由谁来告诉孩子呢？

只有父母才能从场景中把这些心法感受提炼出来，推动事理向心法发展。

父母的价值观对孩子非常重要。父母要教孩子如何看待世间的事件，如果只是靠孩子自己感悟，这个过程不仅漫长，也容易让孩子把感受往坏处延伸。

父母不要让事件影响了孩子正确的心理判断，要让孩子明白尽管这个世界上有很多差强人意的人和事，但好人还是更多，善意而美好的事更多。

孩子的心灵最初是由父母打造，后来则靠自己。一个人只明白事理是无法抓住重点的，也容易使自己迷失方向。

很多优秀的散文、传记、小说写的都是人性和心法，有着大量的事物矛盾。父母如果没有教给孩子人性和心法，在阅读时，孩子的心理矛盾不能化解，就容易走向极端。

父母只有教会孩子用心灵空间里的事件、内容、感触去解读外部世界的顺序、矛盾、道理，孩子才能跨越学科的限制，这就是为什么很多大师都是多才多艺的。

当人成长到一定阶段以后，就不会看重事物表面的道理了，那些简单的提醒或线索，大家都懂。父母如果只对孩子进行简单的说教而缺失心法的培养，说教就是不走心只走嘴。要给孩子讲心法，就需要父母放下身段和孩子交谈。父母要在心灵上深层次地陪伴孩子，就一定要多和孩子交流。

父母要想让孩子拥有心灵的勇敢和坚韧，不是仅仅依靠事情的逻辑、因果关系和判断能力的积累能达到的，而是需要用孩子从事物获得的心理感受来建设孩子的心灵空间,使孩子拥有积极、强大的心灵。

比如面对繁忙工作的态度。一个认为自己很成功、很幸福的人,会觉得工作占的比例不大,如果一个人觉得工作把自己的时间都占满了,就会觉得满负荷,不会觉得幸福。

一些人虽然每天工作的时间很长,但是会忙里偷闲,在工作中消遣,在消遣中工作,消遣不是偷懒,是对事物的心灵品味,理解事物背后深层的心法能够使人获得心灵的成长和能量。

任何一种工作做到一定程度后都不是简单的事理工作了。

当有冲突时,要找到事件的根本原因,把心灵放到与别人同等的位置上去,让双方或者大多数人都信服。了解一般人、大多数人怎么想,是很重要的。

比如医院里,救治病人只是事理,而医院的心法是健康至上、生命至上,这些是需要父母给孩子解释的。

一个人心灵里的道理比知识的道理要重要一万倍,原生家庭一定要教育孩子在心灵空间里深刻地认识事物。

比如健康的意义,不只是身体健康,还要心理健康、生命第一,而不是仅仅只告诉孩子生病了需要看医生。

有一位小伙子得了白血病以后开始思考人生的意义,他之前只追求物质享乐，贷款买房、买车，给自己巨大的压力，经常吃垃圾食品，不断地透支身体。生病以后，他非常后悔，明白身体健康要比拥有房、车更为重要，也明白不应该一味地追求物质财富，那些东西并不能使自己获得长久的快乐。

每个家庭都在定义事物的意义。

只要是涉及孩子生活的事物，父母都应该在孩子的心灵空间里按照家庭的意图重新定义一遍，在亲子互动的空间中留下父母的基本态度。

比如，很多孩子都学弹钢琴，将曲子弹得很连贯、很完整，但是却像白开水一样没有味道，为什么？

也许是父母并没有有意识地给孩子讲述如莫扎特、贝多芬、巴赫等大师的故事，也没有讲解自己对乐曲和演奏的认知和态度，孩子无法产生心灵的震撼，无法体会那些曲子背后的真实感情，又怎么能弹得出感情呢？

对于生活中重要的基本要素、环节、事件的性质和本质，父母都要帮助孩子在心灵空间中重新认识一遍。父母深刻的讲解才能让孩子感受到人性的伟大。

第 6 章

孩子心灵成长的奥秘

构建心灵优势

　　虽然我们已经成人，但是大家有没有意识到其实我们的儿童天性并未泯灭？

　　当我们还是孩子的时候，这个天性是比较显性的，大家或许还会记得小时候我们经常拿着东西和别人比较的场景。

　　当一个孩子有另外一个孩子没有的玩具时，没有的孩子就会向同伴借来玩，如果借不到，孩子就会向父母索要。当孩子得到他想要的玩具的时候，那股高兴劲儿和兴奋劲儿，都显示了儿童心灵向外扩张的天性。

　　空间的扩张就是里面的事物在扩张，孩子在和别人比较时，会有意识或无意识地体现出自己在心灵成长过程中的心灵优势，这是一种很强烈的想表达自己的欲望，以及自己能感觉到的想表达出来的心灵优势。

　　如果在某方面没有可以扩张的事物，孩子就会与别人比较其他方面的事物，以尽快地提升心灵优势。

　　人的心灵从未停止向外扩张，孩子更多地体现在外在的行为表现上，比如言语、动作的比较，拥有事物的比较，观察细致程度的比较等，都是为了要取得心灵优势。

孩子在体会心灵优势的过程中得到了快乐，因此会极力地表达和展示自己的优势及维护优势。

孩子在心灵向外扩张的过程中，会积极主动地接触新事物，来填充原来不大的心灵空间，使其扩大和膨胀，由此会产生"别人没有，我有""别人不懂，我懂""我的比你的好"等新认识，孩子用新事物填充心灵空间会产生心灵优势，能够得到快乐，心灵优势是拒绝沮丧感的。

比如，"我知道每个孩子都有爸爸"，这是孩子对自己心灵空间中爸爸这个概念的重新认识（孩子原来只知道自己有爸爸），"我爸爸比你爸爸高"，这是孩子用新事物填充心灵空间得到的心灵优势所带来的快乐，"我爸爸没你爸爸高，但是我妈妈比你妈妈高"，这是孩子的心灵成长拒绝沮丧感的对策，这就是天性。

父母可以仔细观察自己的孩子在不受干扰时体现出的天性，孩子们在玩的时候，你会发现他们不知不觉就开始比较上了。

因为孩子要维护自己的心灵优势，不愿使自己的心灵优势丧失。

孩子们在一起玩的时候，也会一起寻找新事物来扩张心灵空间，共同享受新事物，但更多的情况是孩子在独特个体的心灵驱动下寻找心灵优势。

孩子在两三岁的时候，不太容易受外界打扰，这个天性体现得最为明显；孩子大了以后会掩饰自己，因为父母会教孩子学习与他人合作、照顾别人等社会规则，孩子的天性虽然没有丢失，但在成人的教育下隐性化了。

孩子在原生家庭阶段有非常强的寻找心灵优势的驱动力，驱动着自我多认识事物从而产生优势感，把自己的心灵空间极度地向外扩张。

孩子内心的优势感是潜意识中自我驱动的心灵动力，这种优势感从哪里来？除了来源于获取的新知识和新见解外，还来源于重新发现自己，即通过同伴之间的互相比较和辩论来激发自己的智慧，审视自己心灵空间的事物与信息。

比如，孩子之间会比较父母，"我爸爸比你爸爸强，我妈妈比你妈妈好"等，其实父母的信息一直存在，但是平时没有成为孩子取得心灵优势的工具。

为什么孩子会把旧信息和新信息混合使用来产生心灵优势呢？

因为孩子的心灵扩张需要能量，需要愉快的能量。

这种能量从哪里来？

心灵优势会带来心灵势能，就像物体从高处下落时会产生很大的能量一样。比如你比别人高，也会自然而然地产生心灵势能。

我们看到一些身居要位的人，他们的心灵特点是除了有心灵优势外更有担当，他们认为自己的见识和资源比较多、执行力比较强，应该承担的责任也较大。

在孩子心灵发展的起始处，我们可以看到有大量的心灵优势产生，这是孩子心灵发展的重要的工具和基础。

如果一个孩子没有心灵优势，就会躲在自己没有成长的心灵空间内而很少去接触外界，不愿意接触外界的新事物并将之放进自己的心灵空间，其心灵空间的新事物就很少；也不会反复地品味和审视一些旧事物，难以和别人辩论、比较、发现新的优势，于是这个孩子的心灵势能就很难产生。

有一些不合群的孩子很少和别人进行直接比较，这个时候要看他们是不是在和书本上的人物做比较，要看看他们比较的是什么。一些科学家可能没有很好的交际能力，但是他们能从书本上或者对外界的观察中发现新事物、学到新知识，在心灵空间中蓬勃发展，产生强大的心灵优势、兴趣和快乐。认知的扩充使他们的心灵空间向外成长，他们甚至在很小的时候就可以做到。

二十世纪初，欧洲的哥廷根大学给一些著名的数学家发了一份问卷，问卷只有一个问题，询问数学家们是什么时候发现自己有特殊的数学天分的。大多数人是十一二岁，也有十七八岁的，最晚的一个是二十六岁。这说明这些数学家在很小的时候就可以通过与外界的接触产生强大的心灵优势和心灵愉悦感了，他们可能没有经常与别人沟通，但却不断地与自己的过去比较，有着独特的心灵扩张方式。

更多孩子扩张心灵的方式是同时进行内部和外部的比较，产生心灵优势，增加心灵势能。这类孩子愿意驱动自己接触更多新事物，愿意与他人进行交流和辩论，也愿意反复品味旧事物，从而使自己产生更多的心灵势能，再进一步利用心灵的能量驱动自己。

自我驱动的心灵能量

心灵的能量从源头看其实就是心灵势能，一个孩子的心灵能量大小就是看他这一生中累积的心灵势能有多少。

没有孩子愿意被别人比下去，他们都在自动无意识地进行着相互比较，并表现出自己独特的想法以获取或维护自我的心灵优势。

在没有被打扰的情况下，孩子的心灵天性是追求公平的，没有孩子愿意在心灵上处于劣势，就像没有孩子愿意承认自己笨一样。

孩子心灵不断扩张中的一大部分能量来源是心灵的优势感，这不仅会在心理上表现出来，也会在言语上体现出来。

大多数孩子都可以比较完整地表达自己的心灵正在成长并体会这种快乐，能够全面地比较、分析自己和别人的不一样、自己的昨天和今天的不同。

孩子有时候会很兴奋地跑来说："爸爸妈妈，你们看我有什么？"这就是孩子在和自己做比较，让父母确认其心灵优势，尤其独生子女，在心灵成长过程中，这种自我比较的现象很多。

当孩子对已有信息有了新的发现，产生了新的心灵优势时，孩子愿意赶快将这种心灵优势告诉别人，愿意表现出来。

因此，父母把孩子的心灵优势培养得越多，孩子能够产生的心灵势能就会越大，孩子的心灵自信就会越强，孩子的主动性就越强。

比如，爸爸陪着孩子玩打仗游戏，孩子一个"炮弹"打过去，爸爸惨叫一声假装输掉，孩子所获得的心灵优势是无与伦比的。

父母应该如何帮助孩子积攒心灵能量？应该说，孩子在心灵扩张的过程中，产生的心灵优势是带着快乐感的，因为快乐本身不是主动形成的，而是一种伴生性的情绪。所以，父母一定要搞清楚孩子快乐的情绪从哪里来，才能帮助孩子积攒心灵能量。

只要世界上还有人，这种心灵的扩张就不会停止。

其实成人也没有让自己的心灵扩张停止过，我们总是不断地获取信息，因为如果没有新事物填充心灵的话，人就会觉得很空虚，担心自己的心灵空间扩张太慢，从而被社会边缘化。

孩子的心灵发展处于初期阶段，心灵扩张的速度要比成人快，需要大量的信息和事物进行快速填充，因此孩子的学习和接受速度往往快于成人。同时，孩子产生的大量心灵势能会反哺自己的心灵扩张，这是孩子的动力，孩子特别乐于这样做。

成人的心灵优势是比较多的，但是孩子的还很少，因此孩子产生一点心灵优势就会觉得很好，很高兴。

成人有时会纳闷为什么孩子会为一点小事兴奋雀跃，这是因为孩子的心灵优势还很少，他们能特别清晰地识别新产生的心灵优势，并感受到由此带来的快感。

成人不容易感受这种快乐，因为心灵优势太多了。假设你是一名注册会计师，那些没有资质的同行会很羡慕你，但是你自己却觉得没什么大不了，因为这种心灵优势已经持续很长时间了，你需要新的优势和新的比较。

心里没有底气就是因为没有心灵势能，没有心灵势能就是没有产生过新的心灵空间，没有用新的事件、规则、价值观等演绎和创造出新的心灵空间来指导自己。

只有拼搏过，战胜过困难，获得过那些经历，才能真正拥有心灵的底气。

中国著名数学家华罗庚先生虽然只有初中文凭，但是他的数学能力非常强，写了很多数学研究方面的论文。据说他在剑桥大学做研究员的时候，别人问他要不要在剑桥大学读博士，他说不需要，因为他认为自己的每一篇论文都已经达到了博士水平。华罗庚先生的心灵优势、心灵的底气在哪里？在于他超强的数学能力。他以超越博士生导师的心灵优势来指导自己的行为，推广、创设自己的心灵优势空间，这就是他心灵的底气。

将事物和信息反复比较，带来的心灵优势会产生心灵的能量，使孩子更加有兴趣认识世界，愿意寻找填充心灵的内容，这是孩子心灵成长的奥秘。

我们经常说要培养孩子，让孩子有强大的心灵能量，让孩子快乐、自信、勇敢，这些都和上述的基本原理有关。

孩子的心灵优势不是用物质培养出来的，也不是用娇惯培养出来的。

什么样的心灵优势最牢固，产生的能量最大，让人最快乐？

就是要发挥出孩子的天性。孩子的天性会驱使自己比较所有事物，包括自我的比较。我们首先要了解孩子心灵优势的内在原理，知道哪些是孩子未来成长有效的心灵优势，再据此让孩子产生长期的心灵势能。

更重要的是，我们要让孩子在心灵发展和发现的过程中自己创造和理解心灵势能，把心灵成长的快乐引导到正确的人生道路上，而不是让孩子一味地进行简单、表面的比较，因为这样的比较获得的是难以持久、对未来发展没有意义的心灵优势。

我们如何真正地引导和培养孩子，把孩子心灵的优势和心灵的发展结合好呢？

首先，不能打压、贬低孩子。孩子寻找心灵优势是自然的心灵成长的本性，他们提出的一些要求可能比较可笑、不太符合成人的社会规则，但他们只是在按照自己心灵的指引进行比较、寻求心灵优势。因此，我们要给孩子指引正确的比较方向，让他们未来的心灵优势有积极的意义。这些心灵优势会使很多孩子突破原生家庭的约束，从而具备强大的心灵能量。

为什么很多调皮的小孩比较聪明？因为他们的心灵优势多、心灵能量大，只要能将这种心灵能量转移到学习上，这类孩子在未来能力会更足，也会走得更远。因此，孩子调皮本身不是坏事，只是需要父母进行正确的引导。

有心灵能量的人接受新事物、心灵扩张和学习的速度是很快的，他们也更擅长随时积攒心灵能量。

帮助孩子建立有效的心灵优势

孩子内在的心灵成长是非常重要的，是量的成长，也是结构性的成长。

孩子在谈起新发现的时候，父母会发现孩子有很强的自我表达能力，而且孩子的自我发现、探索、分析的能力也越来越强，会用更多细节的比较说服自己和别人，产生心灵优势、积攒心灵能量、扩充心灵空间。

比如，谁的玩具小车能亮灯，谁的玩具手枪更帅气……孩子们会把这些事物的特点说得很详细，把观察、剖析、陈述、辩论等技巧都运用得恰如其分。

孩子在成功说服别人以后，能产生有效的心灵优势。如果孩子无法赢得别人的赞同，那就成了自说自话，不会产生心灵优势。

有效的心灵优势会伴随自信心和心灵能量的增加，促进孩子心灵扩张速度的增长。

　　另外，对于那些没能产生心灵优势、丧失自信、没能扩张心灵空间的孩子，父母帮助他们重新建立心灵优势对他们的学习和成长极为关键。

　　比如，孩子的数学学得不好，父母不要说教或者训斥，而是要培养孩子的数学思维，在日常生活中引导和帮助孩子，使孩子真正走上数学之路，并且在这个过程中想办法帮助孩子建立心灵优势。

　　当孩子回答正确，看到场景联想到数学元素或者数学情境的时候，把现实事物虚拟化的时候，父母一定要及时夸奖孩子并且告知原因。父母可以谈论自己小时候的学习情况，告诉孩子他比爸爸妈妈当年强很多，帮助孩子建立心灵优势。

　　当父母运用各种方法让孩子产生心灵优势后，孩子会更加积极主动地学习和做事，心灵能量又会在孩子的心灵空间里增长，让孩子学习得更加轻松。如此一来，孩子会越发自信，达到"有水就长""给点阳光就灿烂"的状态，实现心灵的真正绽放。

　　真正的成长过程是孩子自己完成的，不是父母简单嫁接的。

　　如果父母的物质财富或精神财富不能嫁接到孩子的心灵上，使孩子自我成长，孩子就不能做到自我表现、表达和分析，无法形成有效的心灵优势，也无法得到心灵能量迁移带来的更大的心灵空间。父母会浪费掉孩子人生最大的财富——心灵的财富，会使孩子的心灵成长缓慢，心灵空间扩张停滞，甚至逐渐萎缩。

心灵能量可以哺育孩子心灵空间的发展，这是一个能量与空间互相哺育和强化的过程。

其实成人也一直在比较，这种比较从未停止过。

知识和人生的涉猎都会成为我们的心灵能量。

孩子的心灵成长和扩张速度是要快于成人的。成人更多的是用隐性的比较来寻找心灵优势，而孩子更多的是用显性的比较，父母不要用成人的心灵扩张方式来要求孩子。

没有心灵优势，没有自我分析、表达、识别、发现的比较过程，孩子就很难有真正的心灵动力和能量去学习更多的知识、获取更多的信息，也就无法去创设新的心灵空间用以存储这部分能量，使自己得到成长。

只有真正创设了新的心灵空间，拥有了属于这块空间的知识、经验和能量，才会有来自这部分心灵空间的底气。

心灵优势会产生心灵势能，心灵势能会反哺、鼓励、激发新的学习兴趣并产生新的心灵空间，这就是心灵空间扩张和成长的过程，而快乐的情绪会充斥其中，这就是心灵的快乐是如何产生的以及人是如何体会到自信、有底气的。

心里的底气是需要真实的心灵能量支撑的，如果缺少心灵空间中的规则、知识等，是支撑不住的，没有产生真实的心灵优势就无法产生心灵的能量，不自信的根源也就在此。

心灵炫空间

如果原生家庭父母在引导孩子发现世界的时候经常使用比较单向的顺序和逻辑，就会影响到孩子的推演方式，使他们的思维僵化。只有很少一部分人能走出这个怪圈。

为什么这是个怪圈呢？因为思维绝不应该是单向的，每一个新的思考路径都能打开一个新的思考空间，多向思维对应的心灵空间就是心灵炫空间，充满了各种可能。

这里的炫是指方向不同，是打开了所有可能的方向。心灵炫空间是存储和聚集个人经验的地方，这种多向的思维方式是可以从小培养的，也是可以一直持续培养的。

有一道填空题："冰融化了以后是 _____ 。"几乎所有孩子都填了"水"，而有一个孩子却填了"春天"。但语文老师判定这个孩子的答案是错误的，传出去以后引起了当时教育界的轰动，很多人都站出来替孩子鸣不平，觉得这个孩子是文学家的好苗子。

其实，这个孩子的与众不同就在于其思维的方向不是单向的，答案不是只有自然科学知识这一条路径。

为什么思维要多方向呢？因为多方向思考才能够更深层、更完整地揭示世界。

多向思维是指可以衍化出不同方向的思维方式，这与孩子以后的发现能力、思维方式都极度相关。

很多孩子都很聪明，但是不会提出问题。提问是一种重要的思考能力，是用问题来进行多方向的思考，在确定适合的思考方向后，再继续用问题层层深入地发掘事实。比如，围绕《三只小猪》这个故事，可以展开很多讨论，"三只小猪从小一起长大，为什么做法不同？""为什么最小的猪会选择用砖盖房子？""为什么猪哥哥们选择的是不同的材料？""狼的捕猎顺序是这样的吗？""如果狼先去捉最小的猪，而猪小弟的砖房还没盖好怎么办？"……每一个问题都会指向一个新的思考方向，指引我们去发现现象背后的事实。

有些成人提出问题的能力也很弱，对一个问题可能产生的其他问题的思考能力也很弱，甚至有些人只把事情往好的一面想，从不考虑甚至抵触其他可能性，只会进行单向思考。

也有一些人处理各种事件的能力很强，这些人有一个共同特点就是非常会提出问题，经常用问题来探讨当前的事件。他们很少会非常直接、肯定地把问题简单化，这些人明显存在着多向炫彩的心灵空间，并用此来考虑事情可能的发展和中间的变量。

通常情况下，能够在复杂环境中从事管理工作的人，其多向思维很发达，心灵炫空间很大，能够将事情的变化、内在繁多的变量、偶然的相互作用等进行多向思考，对事物及事物的发展变化很敏感。

心灵炫空间的大小和敏感性决定着一个人能否对世界有更完整的看法。

在孩子的教育和启蒙过程中，如果长期缺乏对心灵炫空间的培养，孩子很难有序地、有结构地产生强大的提出问题的能力，不能多方向、多角度地探索、预测、了解事物的发展。

心灵炫空间是一个很重要的心灵空间，也是一个多变的、深层次思维加工的空间，这个空间一旦被打开，孩子们面对问题时就能提出更多的策略。

《原来数学可以这样学》一书中提到，在一个食堂门口，一位妈妈叫五岁的孩子到她身边，孩子为了避免碰撞，会在潜意识中测算安全的路径，其中包含闪躲、倒退和快速前进等诸多策略的组合。其实这就是孩子潜意识、没有说出来的心灵空间中的多向思维和多变思维，只不过这些是出于孩子自己的策略天赋所做出的快速思维加工的结论。

在上述例子中，如果我们完整地展现孩子的整体思维过程，就会发现孩子的目的是向妈妈靠拢，但是一旦有人端着热腾腾的饭菜走过来，就成了这个环境的变量，干扰孩子目的的达成。孩子对情境进行快速认知和判断，做出避免受到伤害的举动，运用足够的多向思维对未知事项进行分析、判断，动用心灵炫空间形成策略组合，然后来指导自己的行为。

五岁的孩子可以比较顺利地达成来到妈妈身边这一目的，成功避开人群和热饭等危险，但三岁的孩子可能就无法灵活地完成，一个主要原因是更年幼的孩子的多向思维和多向心灵策略尚不成熟，他们的策略组合还不足以灵活、高质量地支撑自己的行为。

世间万物总是相辅相成的，在呈现假定心理运动的同时一定存在着其他方向的运动。只有真正地发展起与此对应的多向思维、多向的心灵空间，才能真正驱动孩子心灵智慧的完整发展。

孩子的心灵智慧启蒙是父母所要完成的重要任务。很多家庭虽然一直在进行着孩子的智慧启蒙，但是比较零散、没有系统性，不能集中地影响孩子，使他们形成多向的思维习惯。

有些父母开导孩子时，会采用"塞翁失马焉知非福""有好处就有坏处"等说法，这些其实就是父母在零星地启蒙着孩子的多向思维，告诉孩子世界上还有与每个事物多向变化对应的多个世界，因此心灵上也要有心灵炫空间，便于进行多向的分析和判断。

对心灵炫空间的启发和训练能够使孩子对世界的多向运动有完整、客观的认识，从而更加全面地认识世界，减少挫败感，拥有较高的心灵智慧。

大家都看过散文，散文的特点是形散神不散，是一种比较松散、简单、惬意的写作方式；而议论文其实是在用多向的心灵空间来思考，分析、判断事情诸多方面的变化以及相互的关联。

议论文写得好坏跟技巧有关吗？没有，它跟人的心灵炫空间的发达程度有关，取决于人用心灵炫空间分析、判断、认识事物的程度以及策略能力。随着孩子生活阅历的丰富和训练的增加，写议论文的能力是可以逐步培养起来的。

在孩子心灵炫空间的教育中，家庭教育比学校教育更为重要，它能给予孩子涉及人生重要环节和要素的更为宏观的总体性指导。如果缺失了原生家庭的宏观指导，孩子的成长就容易出现偏差，比如爱钻牛角尖、对事情的认识比较片面等，孩子容易缺失对世界的层次、深度和变化的深刻认知。

无论自然科学还是社会科学，考察的都是孩子对于世界的深度认识，孩子要有思维的深度，因此父母深度的陪伴和启蒙是非常重要的。

心灵炫空间带来孩子的智慧飞跃

多向的突变和发展是世界的普遍现象。在原生家庭的教育中，在孩子小的时候，父母对于多向世界的呈现比较少，而在孩子成人以后，父母在这方面的教育才开始增多。

如果父母能够早一点培养孩子的心灵炫空间，就能让孩子知道世界的发展是非常复杂的，就能有力地帮助孩子通过提出问题建立起庞大的思维群。

如果在认知科学的过程中，孩子提不出问题，只会重复别人的观点，那么孩子的思维能力并没有真正地得到提高。

孩子只有不断地从各个角度提问，其思考深度才会加大，孩子的逻辑能力、发散思维能力才会真正提高。

什么是发散思维能力？就是从不同角度思考问题的能力。

不少学者谈起自己的成就，都说是得益于小时候接受了有条理的教育。条理不是简单的、单向的分类，条理也包含着多向的变化。

对心灵炫空间里关于判断、分析、运用策略的思维训练会长远地影响孩子未来的思维能力、智慧潜能和心灵能量，要被放到最重要的早期启蒙的条理性的分类中。

父母给孩子讲同一个故事时，对中间情节略作变化就会创造出不同的版本，从而引导孩子产生各种各样的思考并提问。

孩子尝试着用多向心灵思维提出问题是非常珍贵的，因为这说明孩子在用心灵炫空间探索各种可能，孩子的心灵已经有所发现了，此时我们不要把孩子局限在固定的思维中。

比如，爸爸给孩子出题："小明有二十个苹果、五十块糖，在吃了八个苹果、三十块糖后，现在小明有什么？"孩子回答："小明可能会有糖尿病。"这个回答看似好笑，其实已经超出了数字加减的思维限制，是孩子在心灵炫空间中探索到的答案，父母一定要给予肯定和夸奖，鼓励孩子继续思考各种可能。

父母深度陪伴孩子读书的时候，除了按照正常的顺序讲解之外，还可以发散思维、打乱顺序、多向讲解，这种讲解会启发孩子用各种思维方式打开和培育其多向心灵思维空间，孩子会真正地扩大其多向分析、判断及运用策略的能力，是开始自我成长的体现。

世界的发展是多元、多变化、多方向的，如果人想要发现生命和事物的循环、自然界运动等完整规律的话，就一定要进行多向的思维训练，因为任何事物或事件在某一阶段都是向不同方向运动和发展的。

父母要让孩子完整地认识事物，启蒙孩子心灵炫空间中的分析、判断、运用策略的能力。

在心灵空间的扩张过程中，孩子都有着良好的直觉和天赋，当发现单向思考不行的时候，孩子就开始无意识地发展其多向思维的心灵空间，同时其抽象思维能力也开始大幅发展，不仅体现在思维的多向上，更加体现在挣脱原始陈述的语义和思维的制约上，孩子甚至开始运用一些自己和父母都不熟悉的解释在潜意识中进行组合并形成策略了。

比如，两个小孩玩着玩着吵起来了，大孩子对小孩子说："你把玩具还给我，我不跟你玩了。"小孩子说："那你先把头绳还给我。"大孩子说："头绳是你妈妈送给我的，是我的。"小孩子说："那是我的妈妈，所以头绳也是我的。"在这个对话中你会发现孩子偷换了概念，重新搭配组合并形成自己的策略。

这些心灵炫空间的思维是附着在原始心灵空间思维之上的，是衍生出来的更为高级的思维方式，炫空间的体量增加也会反哺原始心灵空间。

当孩子运用原始心灵空间和炫空间一起思考的时候，父母就会看到孩子认识世界的深度和层次的能力，对事情多变方向的把握。

孩子的思维方式并非是单向、具体、固定的，而是具有分布式、多方位的思维延伸的特点，甚至在对同一类客观事件的认识中出现了集合化的思维。孩子会运用类比、归纳等高级方法，用原始的心灵空间和心灵炫空间进行类比性的分析、判断和运用策略，并采取最优解进行深度分析。

父母如果能够把培养孩子的原始心灵空间和心灵炫空间放在同等位置，就会收到与众不同的效果。

单向的原始心灵空间的开发只能使父母和孩子沿着相对普通的智慧水平的道路发展，但是如果能够迭代心灵炫空间思维方式的开发，孩子的思维方式和分析、判断的方向都会产生综合性的变化。孩子在这种引导和提示下，其思维水平就更为深入，因为孩子不是用一个心灵空间在思考，而是在用两个心灵空间同时思考。

培养两个心灵空间远比培养一个心灵空间更有意思，意义也更深远。

无论是生活的启蒙，还是科学的启蒙，我们都要认真而有意识、有结构地慢慢培养孩子的心灵炫空间，因为客观世界本身就充满了多向运动。

比如，一个人可能计划当天做的事情只有几件，但当这一天结束时会发现自己有非常多无意识、不定向的行为，而恰恰是与事前预期方向不同的运动和行为组成了生活和世界的大部分。

心灵炫空间的启蒙是要培养孩子的探索性，让孩子认识到客观事物有着多重身份，在认识一个事物后要不断地超越对这个事物的已有认知。我们要给孩子的心灵空间培养这样的能力和习惯，提升他们的心灵能量。

一个优秀的、经验丰富的人会运用多向心灵思维给出应对方法，从而建立起自己与众不同的思维方式。

打造孩子的心灵炫空间

我们做题的时候不是简单地看例题，无论数学、物理还是语文、英语，都需要拓展思维，用多向的思维去分析和判断，而不是照搬例题去重复。我们都知道做题做多了会有一些体会，这是因为我们在多次的练习中进行了有感觉、有办法、有经验的分析和判断。所有学科都是在训练孩子的多向思维能力，打造其心灵炫空间。

一个人最了不起的能力就是处理复杂问题的能力，因此父母最重要的任务之一是训练孩子超越原始的心灵空间。

　　比如，年轻的外科大夫第一次上手术台时通常会小心翼翼，而那些经验丰富的老大夫则非常稳健，因为他们处理意外事件的经验和预判都在其心灵炫空间里。

　　复杂问题是超越了常规的新问题，因此判断和分析的方法也是超越常规的，用的就是多向的各种可能性的判断、分析和运用策略的能力，这些都是与大量的经验、思考的深度有关的。这种能力是可以跨学科迁移的，人在某一个领域的深度思考和训练会迁移到另外的领域中去。

　　比如，良好的数学能力对学习各学科的知识也会有帮助，因为数学中的抽象程度、变量的复杂程度和迭代程度很高，孩子一旦弄清楚数学情境并打开了心灵炫空间的思维能力，就会对其他学科的学习产生巨大的迁移和帮助作用，因为用的都是同一个心灵炫空间，类比、推理等方法都可以同时使用，从而体现出一个人综合思维的深度和能力。对事物的思考不要局限在某个领域当中，而是要跨学科、跨界地去思考，才能做到深刻理解和融会贯通。

　　发展孩子深层次的智慧能力绝非是刷题能够实现的，基础学科中的多向思维能力会迁移到其他学科中。孩子一定要涉猎百科，才能真正发展出自己的解题办法，同时将这些办法迁移到其他学科中去。

　　人们都有初级、顺势的归纳和分析能力，但是能否叠加、发展自我的心灵炫空间的分析、判断能力，能否和原始的心灵空间一起应用，会造成人和人之间的巨大差异。

　　数学、语文、物理、音乐、政治等基础学科都能发展孩子这两部分的思维能力，一部分是顺势的、原始的心灵空间的思维能力，包括归纳、分类、推理等；另一部分则是多方向的心灵炫空间里的思维能力，同时也包括归纳、分类、推理等，这两个空间是同时运转的。

　　原始的心灵空间就像做例题一样，让孩子基本了解了事情的表面，心灵炫空间则是用于探索事情的本质。

　　父母按照认识和接触世界的顺序指导孩子，是顺势的、自然而然发生的，只是有序地、有结构地介绍了事情的表面现象。父母如果想让孩子完整地把握客观世界的真实情况，就需要反复地多方求证和研究，探索各种细节，因此父母经常鼓励和向孩子提问是基础工作完成后的主要工作。

　　随着孩子的成长，对心灵炫空间的思维能力的需求会越来越多、要求也越来越高。培养一个人心灵炫空间的意识和相应的分析、判断、策略能力，可以使其在未来真正产生区别于他人的独特才干、经验和阅历，也是我们应该尽早帮助孩子培养的能力。